Sauerwald   Mind Mapping® für Anwälte

Rechtsanwalt Ulrich Höcke
Fachanwalt für Sozialrecht
Breitscheidstraße 59
16321 Bernau bei Berlin
Tel. 03338 / 70 84 86
Fax 03338 / 70 92 42
Funk: 0151 / 129 490 96
www.rechtsanwalthoecke.de

W0178049

MIND MAPPING® FÜR ANWÄLTE

Von

Markus J. Sauerwald

Rechtsanwalt in Bonn

Carl Heymanns Verlag KG · Köln · Berlin · Bonn · München

Bibliografische Information Der Deutschen Bibliothek

Die Deutsche Bibliothek verzeichnet diese Publikation in der Deutschen Nationalbibliografie; detaillierte bibliografische Daten sind im Internet über http://dnb.ddb.de abrufbar.

Mind Map ist ein eingetragenes Warenzeichen von The Buzan Organization Ltd.

Mind Mapping ist ein in Deutschland eingetragenes Warenzeichen von Maria Beyer.

MindManager ist ein eingetragenes Warenzeichen und die führende Software zur Erstellung elektronischer Mind Maps. Eine 21-Tage-Testversion kann unter www.mindjet.de geladen werden.

Diese Mind Maps dieses Buches sind ausschließlich mit den MindManager erstellt worden.

© Carl Heymanns Verlag KG · Köln · Berlin · Bonn · München 2003
50926 Köln
E-Mail: service@heymanns.com
http://www.heymanns.com

ISBN 3-452-25286-8

Gesamtherstellung: Grafik + Druck GmbH, München

Gedruckt auf säurefreiem und alterungsbeständigem Papier.

Vorwort

Kreative Leistungen entstehen selten nach festgefügten Schemata. Die Inspiration zur überraschenden Lösung kommt aus dem Zusammenspiel von analytischen und emotionalen Fähigkeiten. Mit Mind Mapping wird dies ausgezeichnet unterstützt.

Das vorliegende Buch ist aus der Praxis entstanden. Es zeigt Ihnen den Einstieg in die Technik und wird Ihnen Anregungen für die Einbettung in Ihre Berufspraxis und im privaten Bereich bieten.

Als Kreativwerkzeug gibt es keine Grenzen bei der persönlichen Weiterentwicklung dieses Visualisierungsinstrumentes. Betrachten Sie die Mind Maps in diesem Buch als Anregungen, die Sie eigenständig weiterentwickeln.

Ich danke allen Kollegen und meiner Familie für zahlreiche Hinweise und kritische Begleitung. Über Anregungen und Austausch zum Buch und Thema freue ich mich.

Bonn im Mai 2003
Markus J. Sauerwald
(RA.Sauerwald@gmx.de)

Inhalt

Warum Sie Mind Mapping kennen und erlernen sollten?

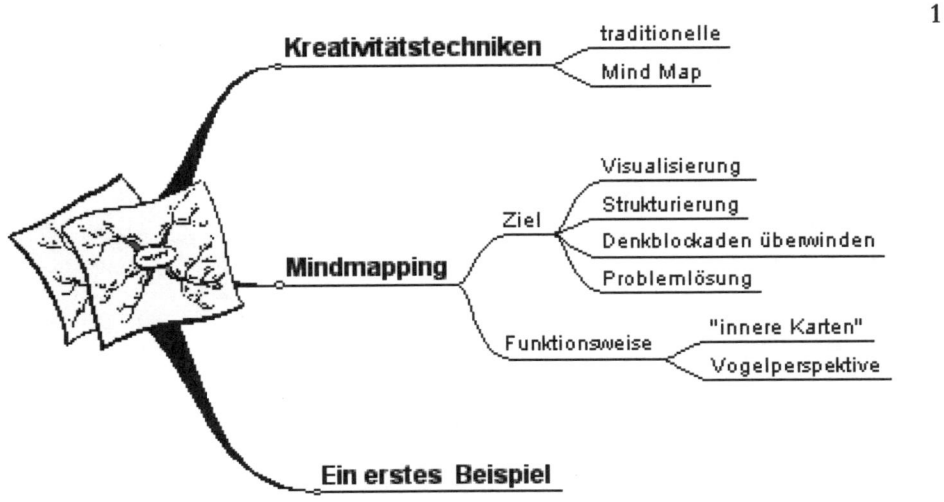

Mind Mapping – Der Weg zu mehr Kreativität im Anwaltsleben

Der moderne Anwalt steht zunehmend vor der Aufgabe, kreative Lösungen zu **2** entwickeln. Die Anforderungen an ihn beim Management seiner Mandate sind gestiegen. Viele Rechtsfragen sind komplexer geworden.
 Die traditionellen Problemlösungsmethoden stoßen oft an Grenzen und führen nicht selten zu Denkblockaden.

Kreativität kann man erlernen

In der Ausbildung werden Fertigkeiten im Umgang mit Kreativität fördernden **3** Techniken bisher kaum vermittelt. Das in diesem Band dargestellte Mind Mapping füllt diese Lücke. Diese Technik ermöglicht Ihnen

➤ Zusammenhänge zu erkennen,
➤ Ideen zu entwickeln,
➤ Denkblockaden zu überwinden und
➤ Probleme zu lösen.

Worum geht es beim Mind Mapping?

Das Mind Mapping wurde in den 70er Jahren von dem Engländer Tony Buzan[1] **4**
entwickelt. Es ist eine Methode zur Visualisierung und Strukturierung von Problemstellungen und Zusammenhängen.

Buzan, der als Lernforscher arbeitet, entwickelte diese Technik. Er orientierte sich an der intuitiven Lernweise von Kindern und verknüpfte dies mit wissenschaftlichen Erkenntnissen über Denkprozesse und verband es mit antiken Wissen über Merktechniken.

Die Faszination von Bildern und Farben der Kinder, die frei ist von den Ein- **5**
schränkungen erwachsener Aufzeichnungstechniken, führen zu einem spielerischen Lernen der Kinder. Buzans Mind Mapping berücksichtigt diese Urfähigkeit des Menschen und leitet drei wichtige Kriterien für das Mind Mapping ab:

➤ Assoziation
  Mind Mapping lässt Verbindungen herstellen, die mit Pfeilen, Symbolen oder Farben miteinander verknüpft werden.
➤ Hervorhebung
  Information lassen sich durch ihre räumliche Anordnung, Schriftgrößen, Symbole oder Farben sinnfälliger hervorheben.
➤ Netzstruktur
  Die Informationen werden in einer netzartigen Struktur abgebildet. Verkürzt ausgedrückt, zeichnet die Mind Map die Wege nach, die unsere Gedanken im Gehirn nehmen (»Gedankenlandkarte«).

Statt komplexe Überlegungen sequenziell von links oben nach rechts unten zu **6**
entwickeln, werden die Gedanken in Form einer strukturierten Zeichnung dargestellt. Es entsteht eine »Gedankenkarte« (Mind Map).

Mind Mapping überwindet Blockaden, die oft bei der linearen Strukturierung entstehen. Häufig sieht die klassische Strukturierung folgendermaßen aus:

I. ...
II. ...
   1. ...
   2. ...
      a) ...
usw.

---

1 *Tony Buzan*, Das Mind Map-Buch, 5. Aufl., Landsberg am Lech 2002.

7 Selten fließen die Gedanken aber in der logischen Folge einer Gliederung. Die Denkblockade setzt oft an dem Punkt ein, wo der Aufbau nicht fortgeführt werden kann, etwa weil eine notwendige Information fehlt oder die zündende Idee ausbleibt.

Anders verhält es sich beim Mind Mapping.

Mind Mapping erlaubt die freie Assoziation auf einem leeren Bogen Papier. Auch hier werden – wie bei der Gliederung – Rangordnungen vorgenommen (Anfügen eines Nebenastes an einen Hauptast). Die Methode der freien Assoziation erlaubt es jedoch, auch Gedanken zu »logisch späteren« Punkten in die Mind Map aufzunehmen. Sie werden aus dem starren linearen Schema befreit.

Wie funktioniert das Mind Mapping?

8 Sie verfügen bereits über eine Fülle »innerer Karten«. Folgendes Beispiel verdeutlicht dies: Die Voraussetzungen einer Anfechtung bringen Sie in der gedanklich richtigen Reihenfolge linear wie folgt zu Papier:

1. Erklärung der Anfechtung
2. Auslegung der Willenserklärung
3. Anfechtungsgrund
4. ...
...

9 Als Mind Map sieht das folgendermaßen aus:

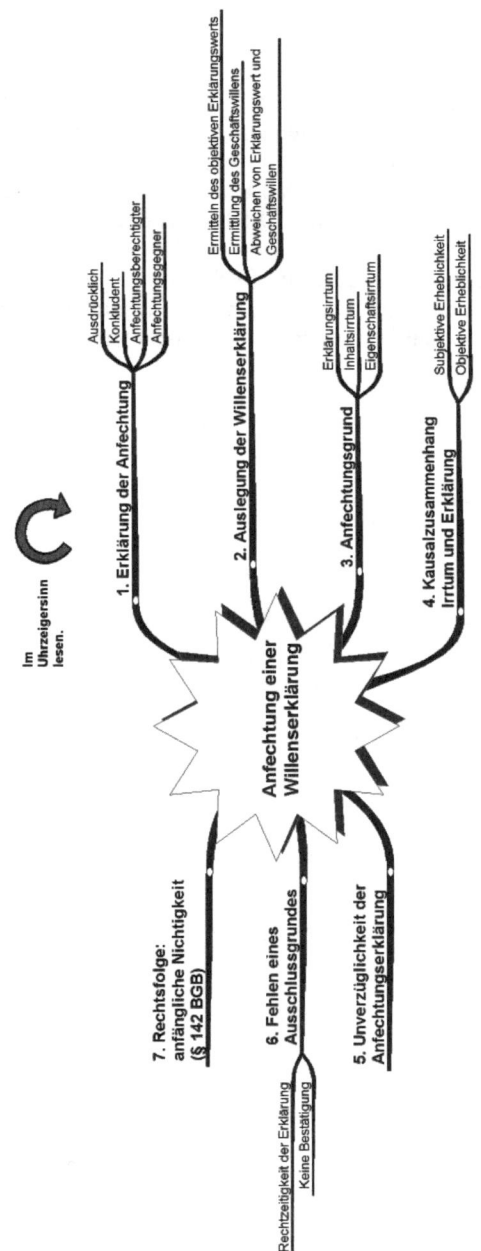

Abb.: Die Anfechtung als Gedächtniskarte

Die Vogelperspektive

10 Was auf den ersten Blick kompliziert aussieht und Ihnen fremd erscheint, erschließt sich bei genauerem Hinsehen auch ohne Erläuterung schnell.

Die Struktur einer Mind Map kann verglichen werden mit der Ansicht eines Baumes aus der Vogelperspektive. Vom Stamm in der Mitte gehen Haupt- und Nebenäste aus. Während der Stamm das Thema bezeichnet, markiert das »Geäst« zugehörige Ideen.

Die nachfolgenden Kapitel führen Sie Schritt für Schritt in eine Technik ein, deren Einfachheit überzeugt. Die vielfältigen Einsatzmöglichkeiten für Ihre Tätigkeit werden nachfolgend an zahlreichen Beispielen demonstriert.

Wie erstelle ich eine Mind Map?

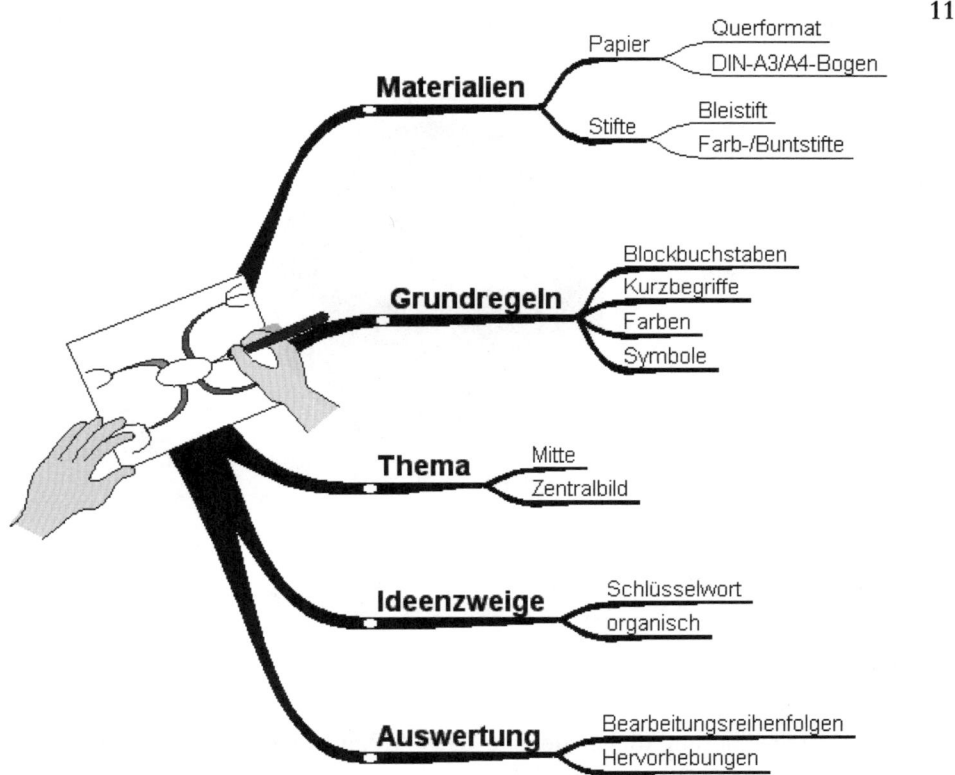

Die Technik stellt geringe Anforderungen an den Anwender und ist schnell zu 12 erlernen. Die nachfolgenden fünf Schritte führen Sie zu Ihren ersten eigenen Mind Maps.

Schritt 1 – Der Papierbogen im Querformat

13 Nehmen Sie einen DIN-A4-Bogen (noch idealer: DIN-A3) im Querformat und schreiben Sie in die Mitte des Blattes das zentrale Thema, das Sie bearbeiten werden.

Nehmen wir an, Sie planen die weitere Profilierung Ihrer Kanzlei, so könnten Sie Ihr Papier folgendermaßen beginnen:

Abb.: Der Ausgangspunkt Ihrer Gedanken

Schritt 2 – Ein paar Grundregeln

14 Die Befolgung einiger kleiner Regeln hat sich als sinnvoll erwiesen, um Ihrer Zeichnung optimale Assoziationswirkung zu geben.

> ➢ Schreiben Sie auf die Hauptäste nach Möglichkeit in Blockbuchstaben. So werden die Begriffe werden vom Auge besser wahrgenommen.
> ➢ Suchen Sie kurze Begriffe. Sie werden sofort vom Auge als Bild aufgenommen und gespeichert.
> ➢ Benutzen Sie nach Möglichkeit verschiedene Farben zur Markierung einzelner Begriffe oder zur Kennzeichnung ganzer Zweige. Zusammenhänge lassen sich so besser verdeutlichen.

15 Gestalten Sie Mind Maps mit Hilfe von Symbolen und Bildern wirkungsvoll und einprägsam.

Schritt 3 – Eine erste Bestimmung einzelner Themenbereiche

Vom Zentrum, (d.h. dem Stamm Ihres »Ideenbaums«), gehen Hauptäste aus, die **16** das Thema in einzelne Bereiche aufgliedert. Auf diese Hauptäste schreiben Sie die Hauptaspekte zum Thema in Form eines prägnanten Stichwortes.

Abb.: Erste Themenbereiche

Es kann sein, dass Ihnen später noch weitere Hauptaspekte einfallen, z.B. der **17** Aspekt »Marketing«. Sie lassen sich ohne weiteres an Ihren Hauptstamm als Ast anfügen.

Schritt 4 – Die Ideenzweige

An die Hauptäste können beliebig viele Zweige und Nebenzweige angefügt wer- **18** den. Sie stellen einzelne Ideen und Ideengruppen dar. Ein größerer Papierbogen bietet natürlich mehr Entfaltungsmöglichkeiten.

Einzelne signifikante Stichworte sind als Bezeichnung der Äste absolut ausreichend. Sie genügen als Assoziation für Ihr Gehirn. Doch sollten die Schlüsselworte individuell sein und Aussagekraft besitzen. Dank dieser Verkürzung lassen sich rasch komplexe Zusammenhänge darstellen.

Ihre Überlegungen zum Thema »Kanzleiprofil« haben nun als Mind Map folgende Gestalt angenommen:

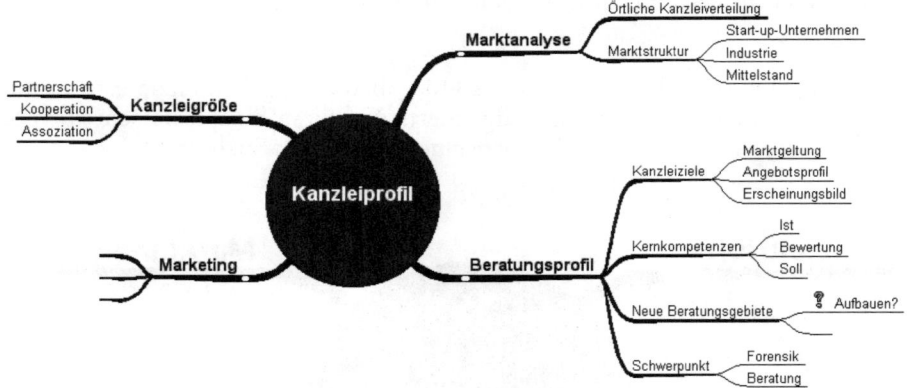

Abb.: Fortgeschrittene Gedankenkarte zum Thema Kanzleiprofilierung

19 Ihrer Zeichnung entnehmen Sie schnell, welche Aspekte besonders reiche Verzweigungen besitzen (hier z.B. das Unterthema »Beratungsprofil«). In einem sol-
chen Fall lohnt es sich, eine gesonderte Mind Map mit diesem Schlüsselwort als
Mittelpunkt zu erstellen.

Unbezeichnete Äste – wie in der obigen Zeichnung – können für Ideen frei-
gehalten werden.

Schritt 5 – Die Auswertung der Mind Map

20 Nachdem Sie Ihre Mind Map entwickelt haben, werden durch Nummerierungen
Prioritäten gesetzt oder Bearbeitungsreihenfolgen festgelegt. Ihre Wochen- oder
Tagesplanung kann in Form einer Mind Map folgende Gestalt annehmen:

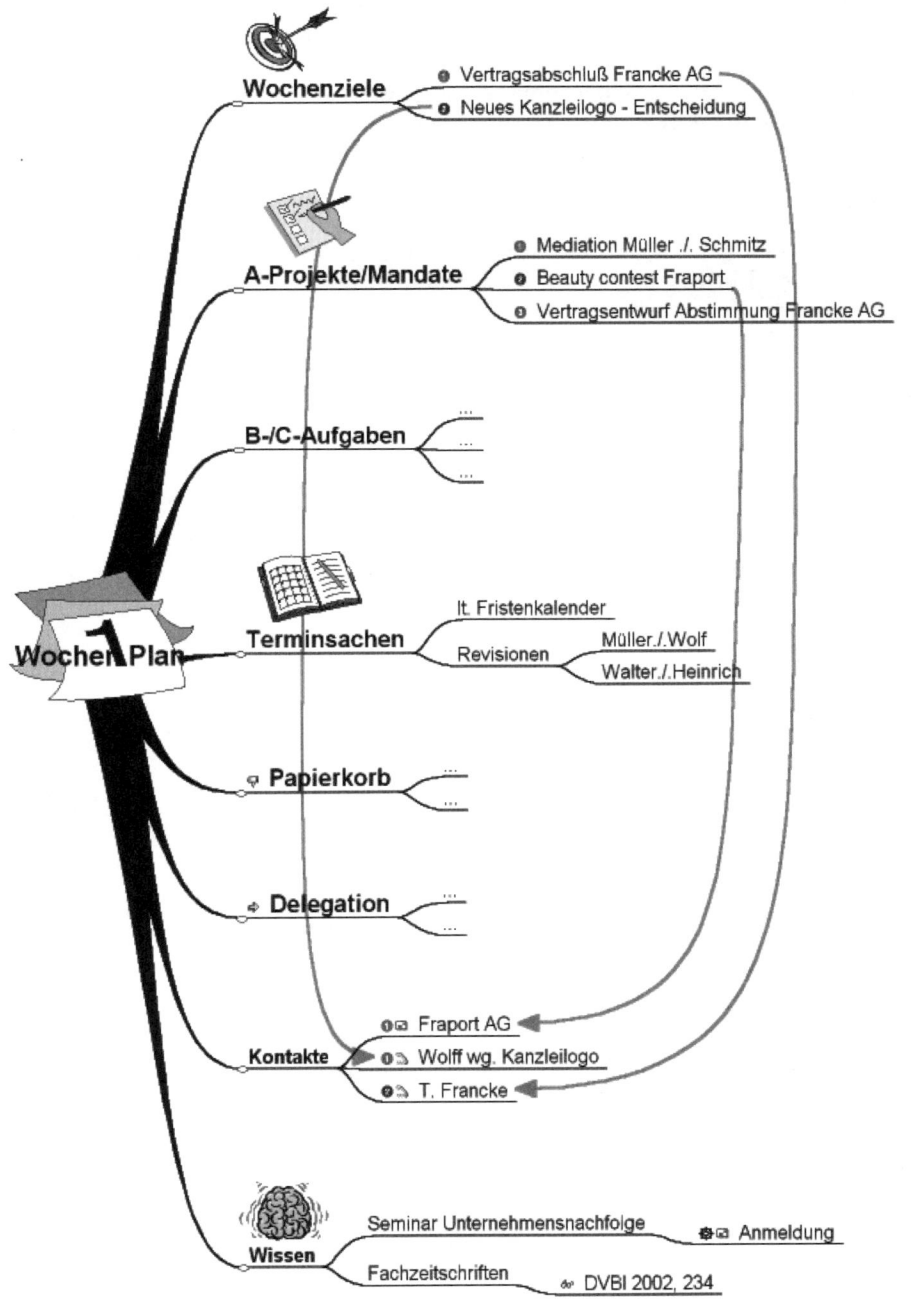

21 Aus Zielen ergeben sich konkrete Aufgaben und Aktivitäten, die Sie den entsprechenden Zweigen zuweisen. Diese Ordnung ermöglicht Ihnen, ähnliche Aktivitäten zu erkennen und blockweise zu bearbeiten.

Die Praxis zeigt, dass bei einer Zusammenstellung auf einem Blatt überraschende Synergien gewonnen werden. Die Einordnung in eine Hierarchie und die Verdichtung aller Tagesaktivitäten lässt Sie Zusammenhänge besser erkennen.

22 **Praxistipp**: Eine kleine Mind Map-Übung zum Einstieg

Das Erstellen einer Mind Map erscheint anfangs noch ungewohnt. Erleichtern Sie sich den Einstieg mit einer kleinen Übung: Planen Sie den kommenden Arbeitstag mit einer Mind Map! Setzen Sie dabei Symbole, Zeichnungen und Farben ein!

Wie kann Mind Mapping eingesetzt werden?

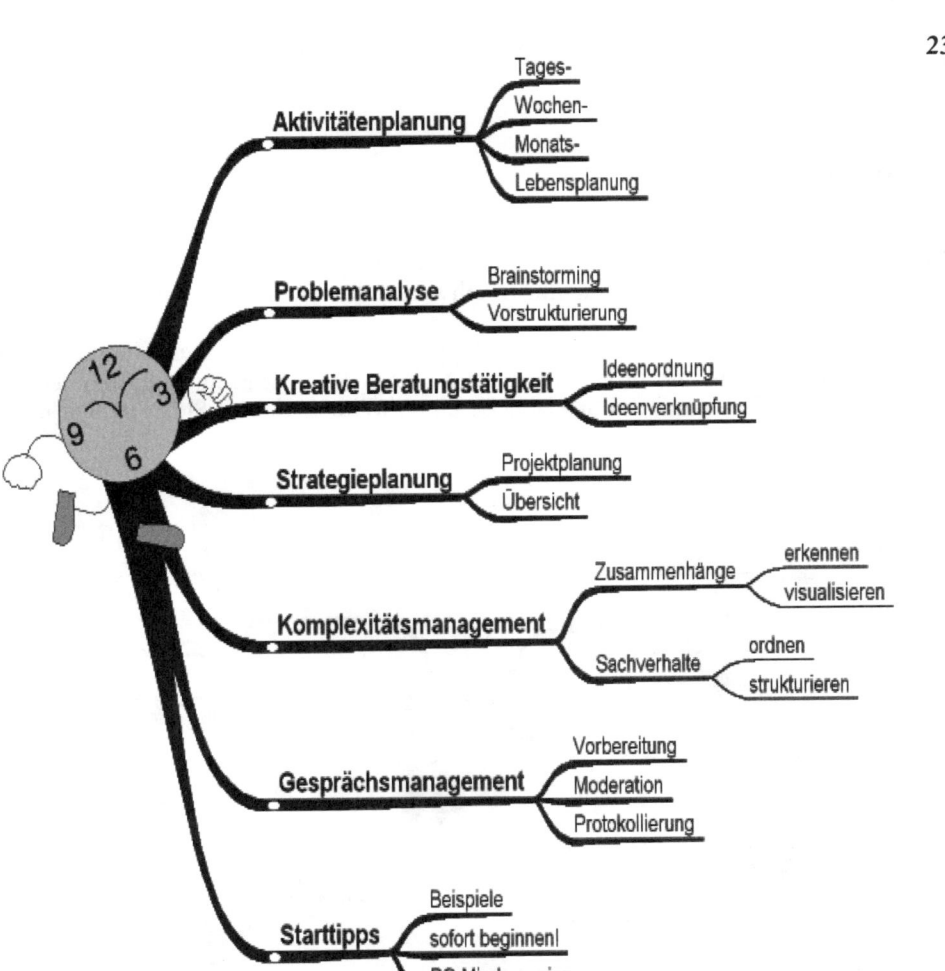

24 Kein Bereich anwaltlicher Arbeit ist denkbar, in dem Mind Mapping nicht einge-
setzt werden kann. Konkrete Anwendungsmöglichkeiten bieten sich in folgenden Feldern:

> Aktivitätenplanung (Rn 26, 40 ff.)
> Problemanalyse (Rn 27, 75 ff., 118)
> Kreative Beratungstätigkeit (Rn 28, 57 ff.)
> Planung und Strategie (Rn 29)
> Strukturierung komplexer Sachverhalte (Rn 30, 119)
> Gesprächsmanagement (Rn 31, 48 ff.)

25 Im Folgenden illustrieren einige Beispiele aus diesen Aufgabenfeldern die Einsatzmöglichkeiten.

Aktivitätenplanung

26 Eine Mind Map bringt Ordnung in Ihre diversen Aktivitäten. Sie können so sehr schnell einen Überblick gewinnen, Schwerpunkte setzen und sinnvolle Zusammenhänge herstellen.

Ein Tagesplan mit Hilfe des Mind Mappings könnte so aussehen. Vergleichen Sie ihn doch einmal mit Ihrem Versuch! Wie Sie Pläne für unterschiedliche Zeithorizonte fertigen und was Sie dabei beachten sollten, erfahren Sie unter Rn 40 ff.).

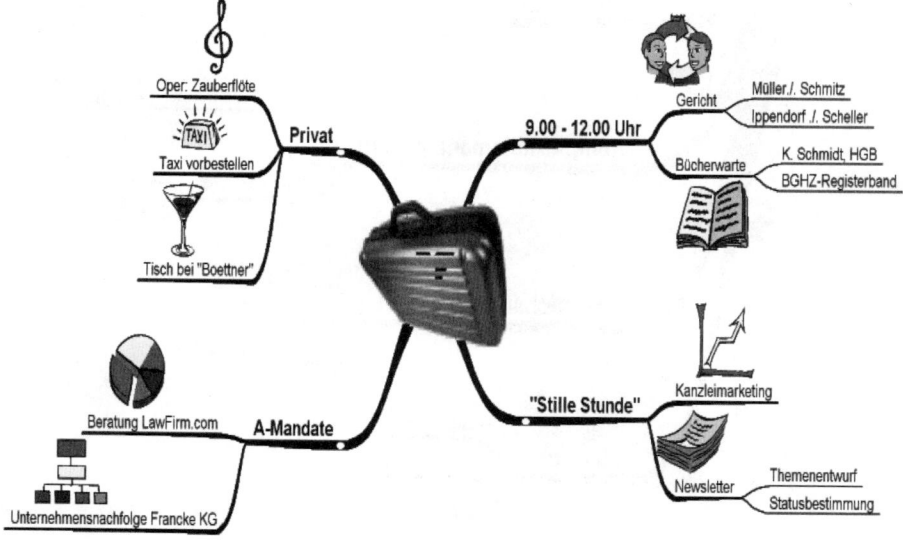

Abb.: Aktivitätenplanung.

Problemanalyse

In einer ersten Mind Map können nach Art eines Brainstormings lose, unzu- **27** sammenhängende Aspekte zusammengetragen werden. Ordnen Sie diese, indem Sie in einer zweiten Mind Map einige Begriffe als Nebenzweige unter einem Hauptast zusammenfassen. So bildet sich nach und nach eine Struktur heraus, aus der Sie eine mögliche Lösung oder Darstellung eines Problems entwickeln. Näheres hierzu erfahren Sie unter der Randnummer 118, 119.

Kreative Beratungstätigkeit

Am Beginn eines komplexen Mandats setzen Sie Mind Maps beim Ordnen und **28** Verknüpfen der Ideen ein. Später dienen sie als Grundlage für die endgültige schriftliche Darstellung. Näheres hierzu erfahren Sie unter ab der Randnummer 75 ff.

Planung und Strategie

An die einführenden Überlegungen zu einem Thema (z.B. Neuprofilierung der **29** Kanzlei, s.o. Rn 57 ff.) schließen sich Folgefragen an. Planung und Strategie lassen sich in einer Mind Map zusammenfassen:

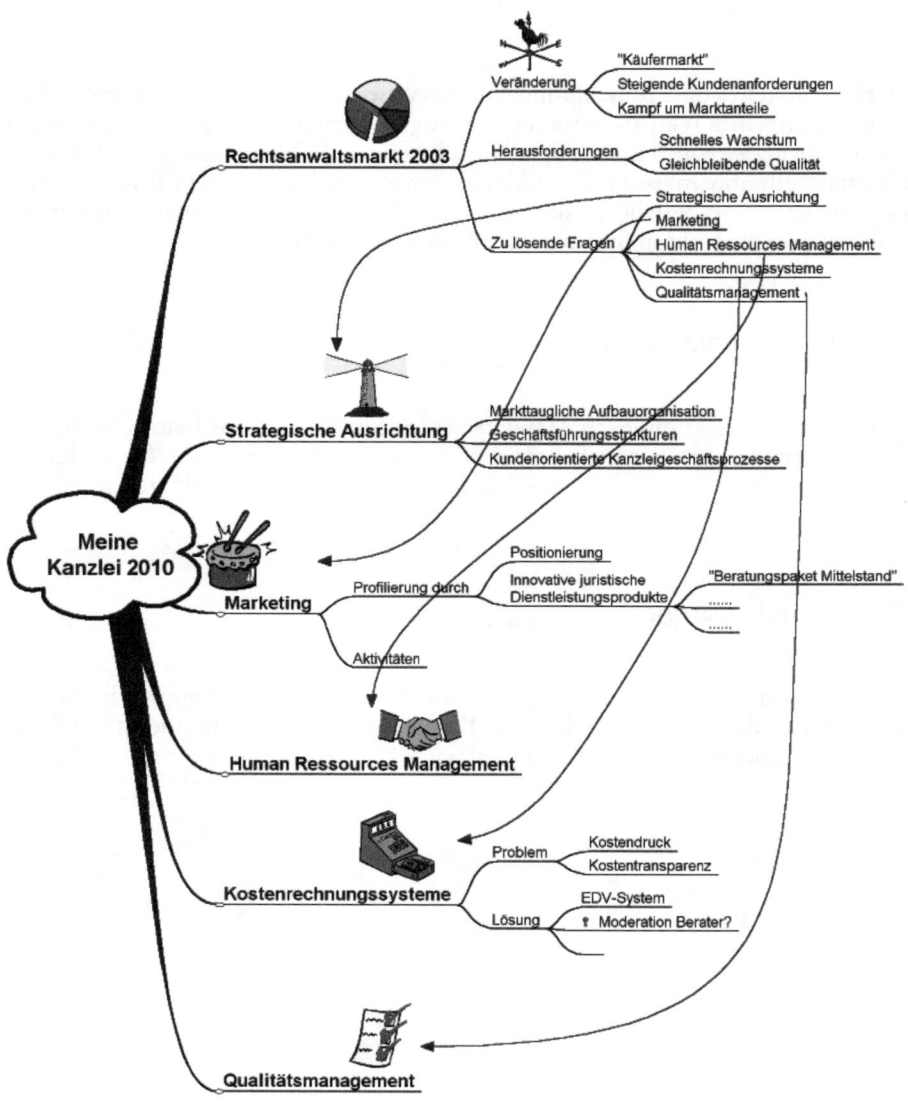

Abb.: Überlegungen zur Neuprofilierung

Strukturierung komplexer Sachverhalte

Gerade komplizierte Sachverhalte lassen sich mit Hilfe der Mind Map-Technik **30** ordnen. Das Grundgerüst – also die ersten Hauptzweige – haben Sie schnell aufgezeichnet. Je nach Fall bezeichnen Hauptzweige z.B. einzelne Voraussetzungen. Viele zusammenhanglose Informationen werden nun einzelnen Zweigen zugewiesen und in eine Rangfolge gebracht. Durch die Aufnahme auf einem Zentralblatt lassen sich Verbindungen und Beziehungen zueinander auch grafisch herstellen.

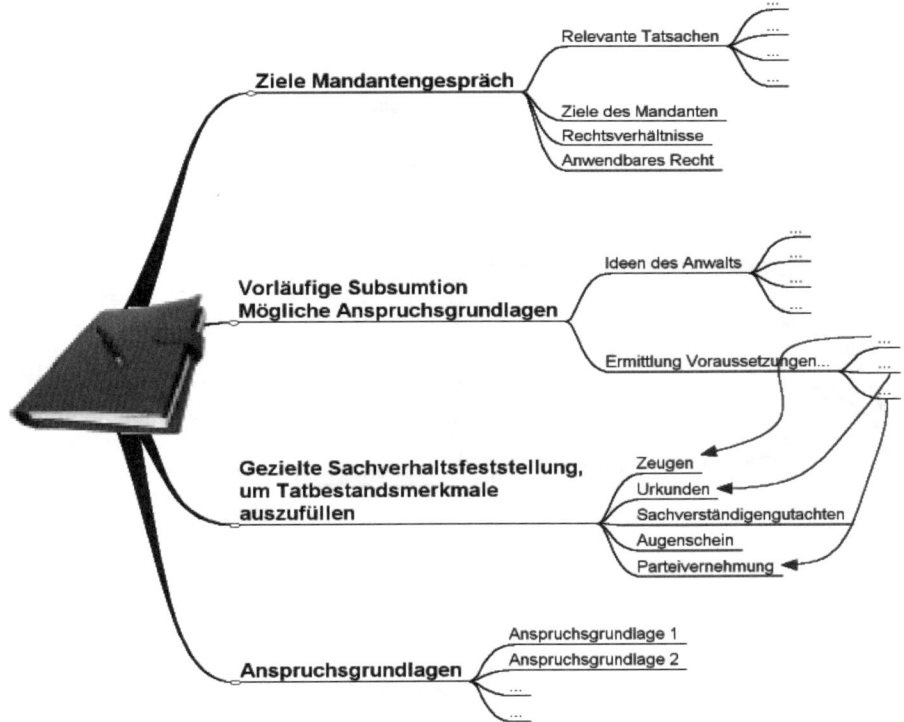

Abb.: Strukturierung Sachverhalt

Gesprächsmanagement

Gerade in Gesprächen entfalten sich die Vorteile des Mind Mappings. Sinnvoll ist **31** es, die Tagesordnung als Grundgerüst zu verwenden. An diese Struktur fügen Sie nun Gedanken, Aussagen oder Wünsche an. Diese Mind Map dient dann als Vorlage für ein klassisches Ergebnisprotokoll.

Mit Mind Mapping können Sie auch aus dem Zusammenhang gerissene Beiträge immer dem richtigen Tagesordnungspunkt zuordnen. Sie fügen ein den Beitrag kennzeichnendes Stichwort einfach an den jeweiligen Tagesordnungszweig. Eine Gesprächs-Mind Map hat dann folgende Gestalt:

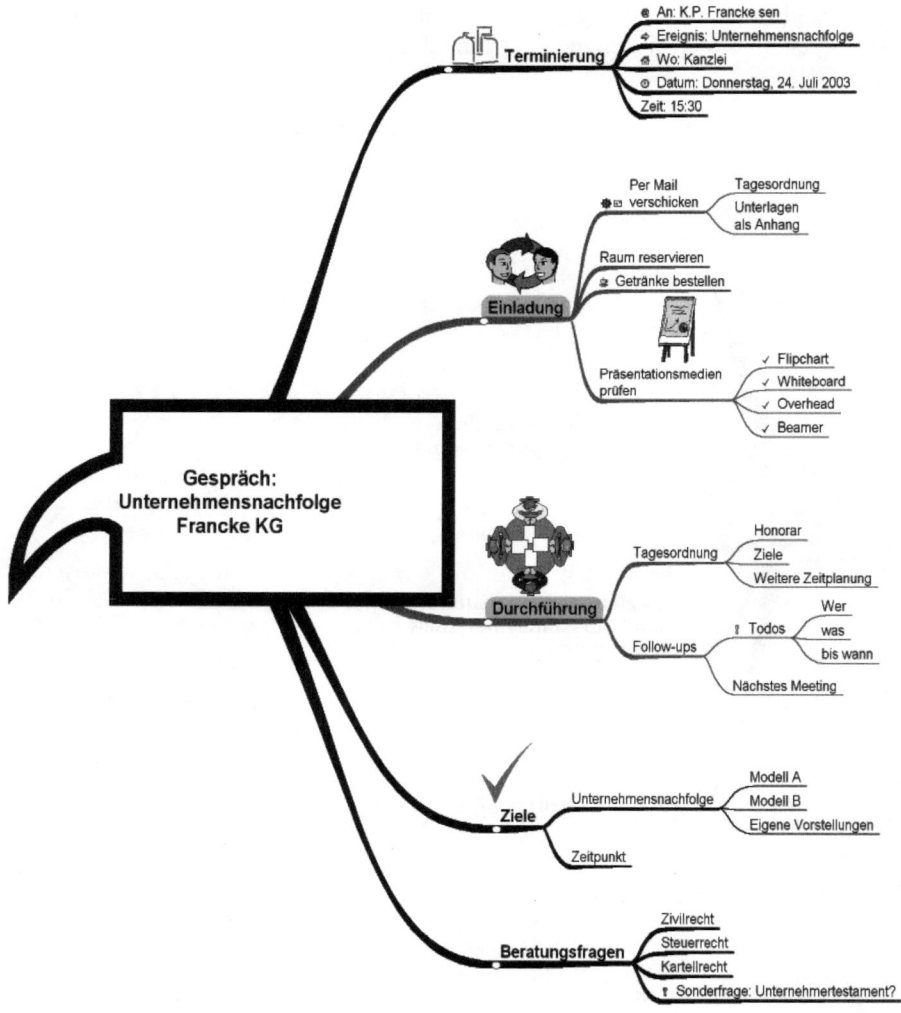

Abb.: Gesprächsplanung

Weiteres erfahren Sie unter den Randnummern 48 ff.

Starttipps!

In den nachfolgenden Kapiteln erhalten Sie eine Vielzahl von Einsatzmöglichkei- **32**
ten des Mind Mappings im Anwaltsalltag.

Die Mind Maps sind Anregungen. Sie werden sehen, dass Sie sehr schnell Ihren
eigenen Stil entwickeln werden.

Die Erfahrung zeigt, dass die Beschränkung auf ein Schlüsselwort anfangs
schwer fällt. Im anwaltlichen Alltag können die Schlüsselreize auch aus Zitaten
folgen. Verwenden Sie also mehr als einen Begriff, wenn dies für die genaue anwaltliche Arbeit notwendig erscheint. Ein Tipp: Versuchen Sie mit Farben und
Codes zu arbeiten! Setzen Sie Ihre vertrauten Bürokürzel ein!

Nutzen Sie fortan jede Gelegenheit eine Mind Map zu erstellen. Schon ein Te-
lefonat lässt sich mithilfe einer Mind Map ideal begleiten. Versuchen Sie, die im
Gespräch angesprochenen Punkte in eine Struktur zu bringen. Es ist überra-
schend, wie gut sich ein Gespräch zielgerecht führen lässt und wie leicht Ihnen
die Zusammenfassung der Ergebnisse fallen wird.

Mind Mapping am PC?

Wer trotz der sinnlichen Erfahrung, die handgemalte Mind Maps auslösen, die **33**
Vorzüge des PC nutzen möchte, der kann die Formatierung seiner Mind Map
und elektronische Weiterverarbeitung dem Programm »Mindmanager« überlassen (www.mindjet.de). Über die Möglichkeiten und Anwendungsbereiche informieren Sie die Randnummern 120 ff.

Mind Map der Weg zu mehr Kreativität?

Die vorangestellten Beispiele geben Ihnen einen ersten Eindruck von den vielfäl- **34**
tigen Anwendungen des Mind Mappings. Vertrauen Sie darauf, dass Ihre eigenen
Gedankenkarten schon bald in einen persönlichen Stil münden. Nehmen Sie daher alle vorgestellten Bilder als Anregung. Die strenge Einhaltung der Form sollte nicht zu neuen Denkblockaden führen, die Sie mit dieser Technik gerade erst
überwunden haben.

Damit erschließt das Mind Mapping die kreativen Potentiale, die mit den traditionellen Werkzeugen nur unzureichend ausgeschöpft werden.

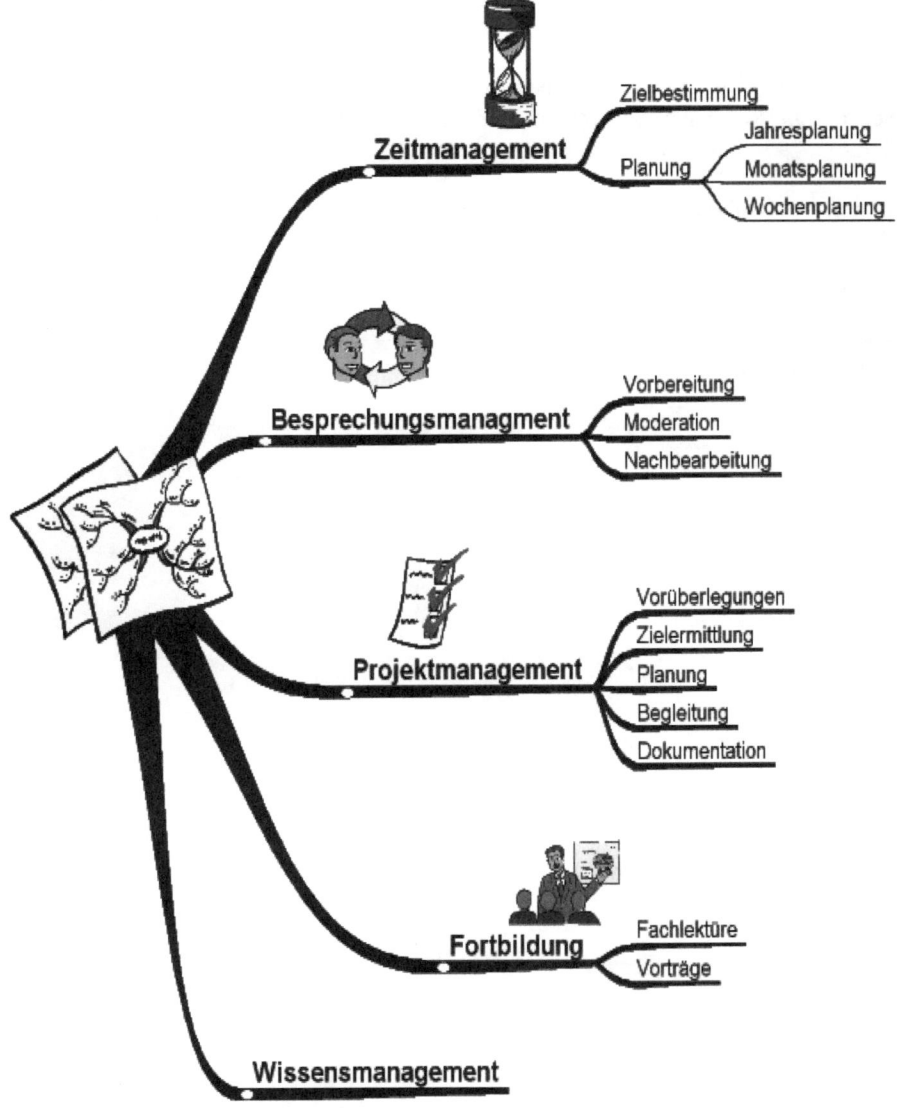

Zeitmanagement
- Zielbestimmung
- Planung
  - Jahresplanung
  - Monatsplanung
  - Wochenplanung

Besprechungsmanagment
- Vorbereitung
- Moderation
- Nachbearbeitung

Projektmanagement
- Vorüberlegungen
- Zielermittlung
- Planung
- Begleitung
- Dokumentation

Fortbildung
- Fachlektüre
- Vorträge

Wissensmanagement

Basis-Mind Maps

36 Basis-Mind Maps enthalten grundlegende Elemente, die Sie später bei speziellen anwaltlichen Gedankenkarten benötigen. Machen Sie sich anhand einiger Beispiele mit den wichtigsten Bestandteilen vertraut.

Diese Basis-Mind Maps sind jedoch keine Vorgaben, die statisch übernommen werden. Ausgehend von den hier vorgestellten Vorschlägen können Sie sehr rasch eigene Basis-Gedankenarten entwickeln.

37 **Praxistipp:** Einmal erstellte Basis-Mind Mapsmaps prägen sich sehr schnell ein. Schon bald können Sie zu festen Elementen Ihrer eigenen Gedankenkarten werden.

38 In den nachfolgenden Abschnitten erhalten Sie Anregungen für Ihre eigenen Mind Maps zu

> ➢ Ziel- und Zeitplanung,
> ➢ Besprechungsmanagement,
> ➢ Projektmanagement,
> ➢ Begleitung Ihrer Fortbildung und
> ➢ Wissensmanagement.

Ziel- und Zeitmanagement mit Mind Mapping

Grundprinzipien Zeitmanagement
- Zielsetzung
- Planung
- Entscheidung
- Umsetzung
- Kontrolle

Ziele
- Lebensziele
  - Mind Map
  - Formulierung
- Entscheidungen

Planung
- Visions-Mind-Map
- Mehrjahres-Mind-Map
- Jahres-Mind-Map
- Monats-Mind-Map
- Tages-/Wochen-Mind-Map

Entscheidung
- Mindmaps
- Prioritäten
  - A/B/C-Klassifizierung
  - Pareto-Prinzip
    - 20% Aufwand
    - 80% Ergebnis
- Selbstmanagement
  - Stille Stunde
  - Delegation
  - Teams

Umsetzung
- Vorteile
  - Übersichtlichkeit
  - Flexibilität
  - Ebenen
- Transfer Planungssysteme
  - Zeitplanbücher
  - PC-Kalendersysteme
  - Taschencomputer (PDA)

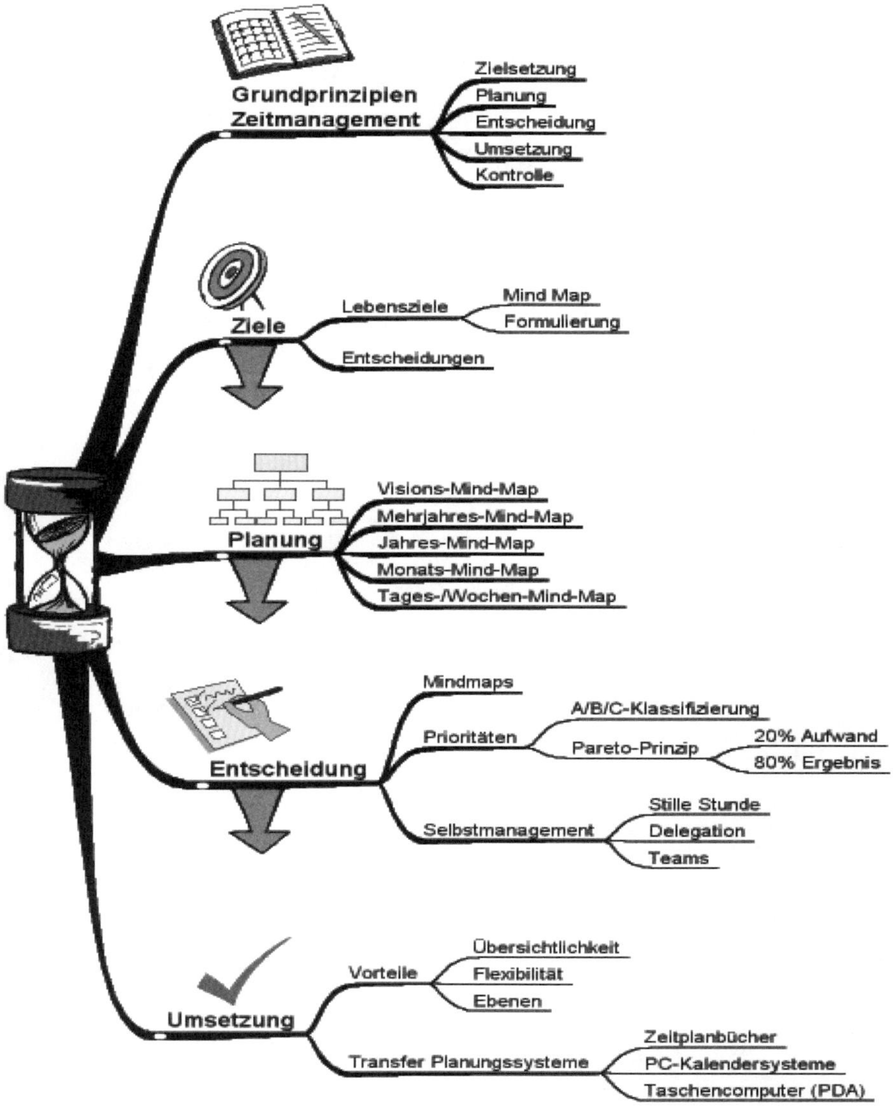

40 Die Fähigkeit, mit seiner Zeit planvoll umzugehen, gehört zu den notwendigen Fertigkeiten des Anwalts. Sein Alltag ist geprägt von festen Gerichtsterminen, geplanten und ungeplanten Besprechungen oder Beratungen unter Zeitdruck.

Mind Mapping ermöglicht dem Anwender, Übersicht über die eigene Planung zu gewinnen. In diesem Kapitel erfahren Sie, wie Sie mit dieser Technik

➢ berufliche und private Ziele ermitteln,
➢ Pläne für unterschiedliche Zeithorizonte erstellen,
➢ Prioritäten setzen und
➢ Mind Maps in Ihre bewährten Planungssysteme integrieren.

Der erste Schritt: Am Anfang steht die Zielsetzung

41 Am Anfang jeder Planung steht die Zielsetzung. Die Ermittlung der beruflichen und privaten Ziele können Sie in einer ruhigen Stunde in einer »Visions-Mind Map« zusammenfassen. Beginnen Sie etwa so:

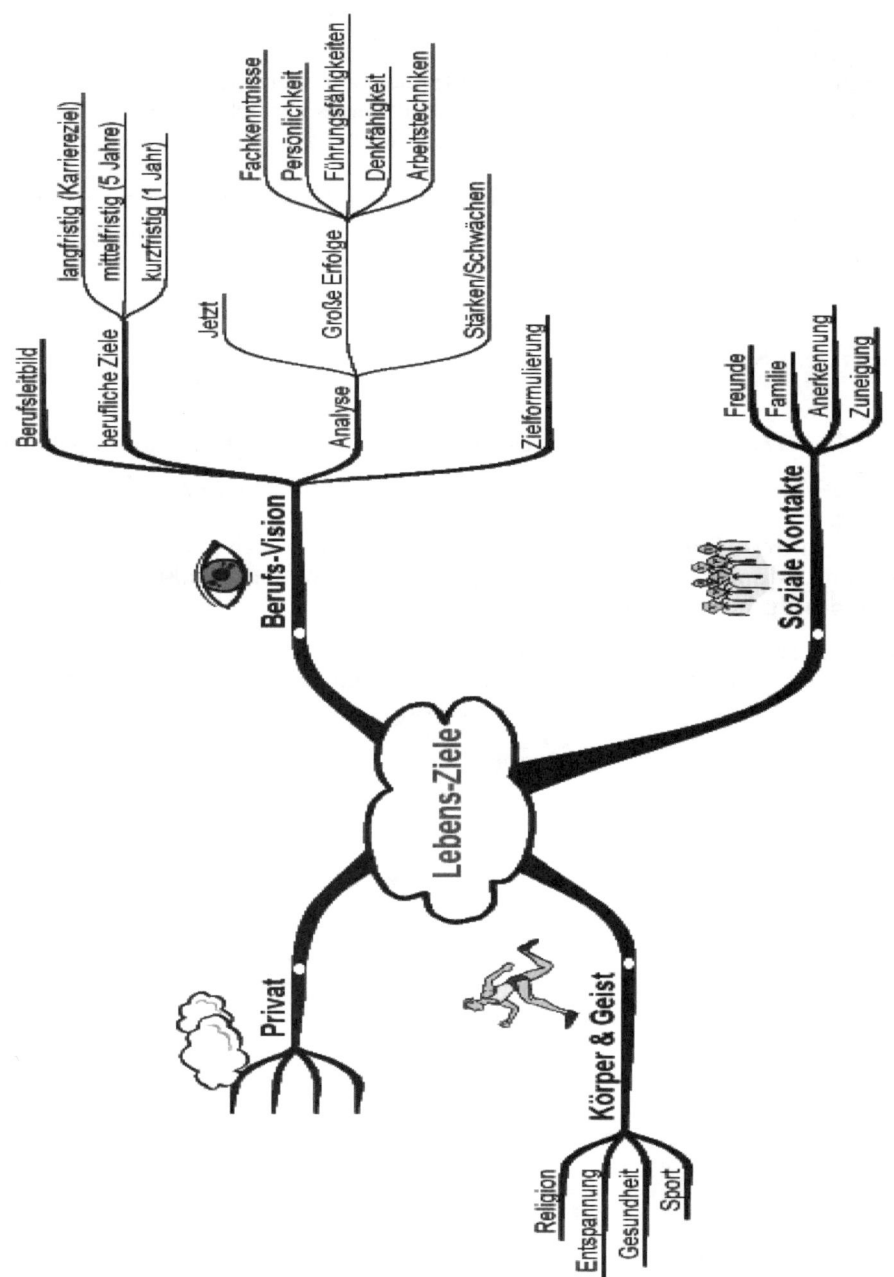

Abb.: Erste Übungen zu persönlichen Zielsetzungen

42 Ergänzen Sie das Muster mit Ihren individuellen Überlegungen. Fügen Sie neue Hauptgedanken in Form neuer Äste ein.

Sehr schnell werden Sie ein erstes zusammenhängendes Bild Ihrer persönlichen Zielsetzungen und Wünsche gewinnen. Durch die Verdichtung auf einem Blatt können Sie nun auch Zusammenhänge erkennen zu anderen Lebensbereichen Verbindungslinien einzeichnen.

Diese Mind Map ist wichtig. Sie ist das Leitbild, aus dem sich Ihre Aufgaben ableiten. Nehmen Sie diese Gedankenkarte zu ihrem Kalender. Ergänzen Sie diese bei Bedarf!

Der zweite Schritt: Die Planung

43 Nun können Sie die Planung unterschiedlicher Zeithorizonte in Angriff nehmen:

> ➢ Die Mehrjahres-Mind Map stellt Ihre Pläne der nächsten **zwei bis fünf Jahre** dar.
> ➢ Die **Jahres-Mind Map** enthält die Jahresziele, die sie sich gesetzt haben.
> ➢ In der **Monats-, Wochen,** und **Tages-Mind Map** fassen sie kurzfristige Ziele und Aufgaben zusammen.

44 Vorausschauende Zeitplanung gelingt, wenn einige wenige Regeln beachtet werden. Die wichtigsten Grundregeln des Zeit- und Zielmanagements sind in der nachfolgenden Mind Map zusammengefasst:

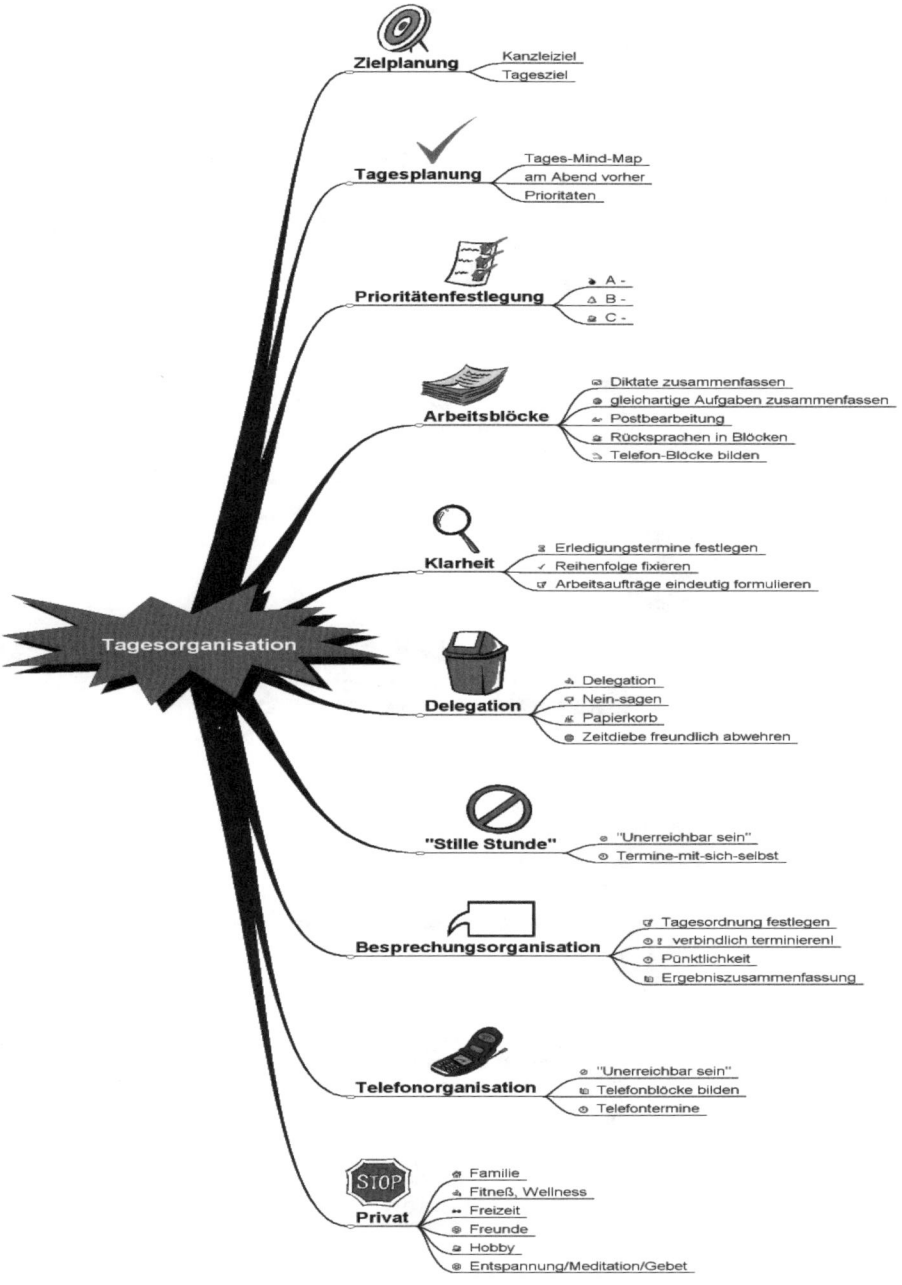

Abb.: Regeln des Zeitmanagements

45 Versuchen Sie nun, Ihre Aufgaben des kommenden Tages mit Mind Mapping zu ordnen. Dies könnte so aussehen:

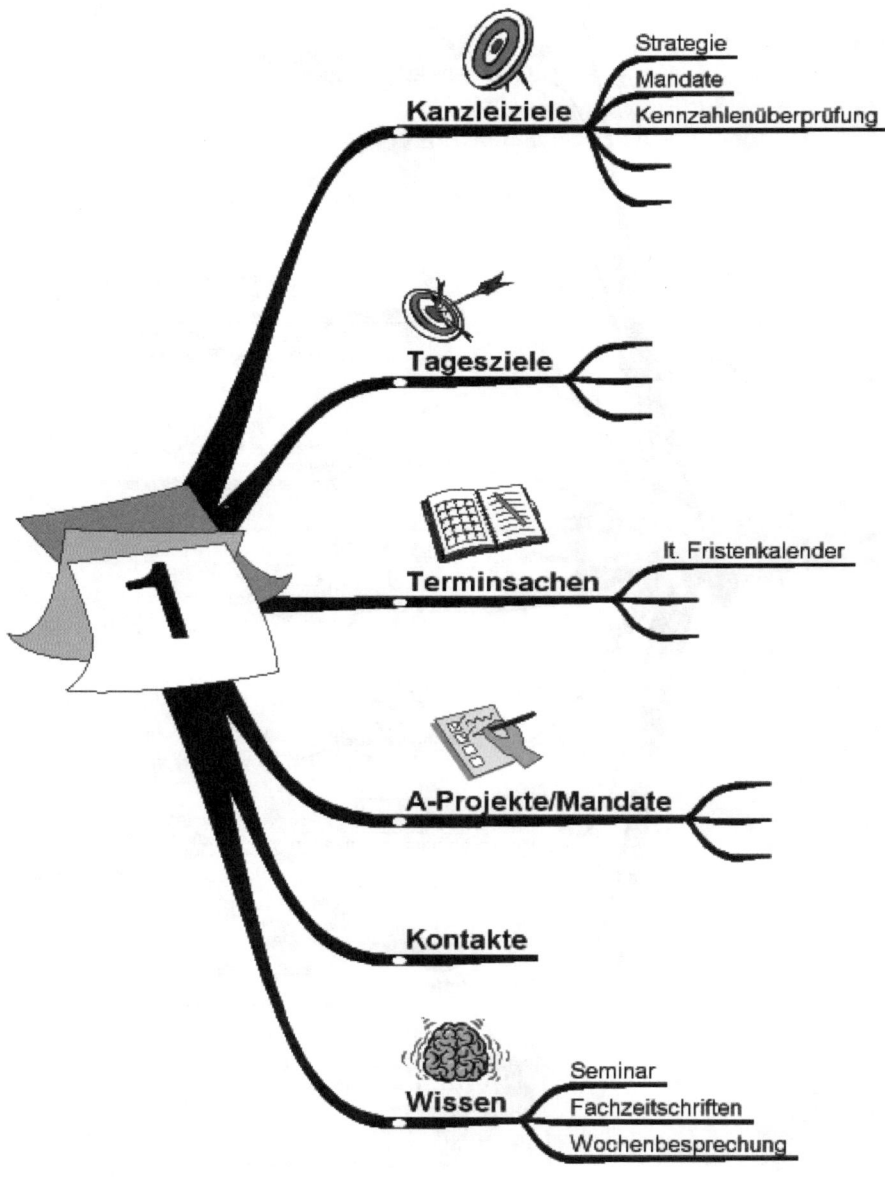

Abb.: Tagesplanung – Basis-Mind Map

Der dritte Schritt: Prioritäten setzen, Entscheidungen treffen!

Sie haben nun einen Gesamtüberblick gewonnen. Alle Aufgaben und Termine **46**
liegen auf einem Blatt vereint vor ihnen. In dieser Übersicht lassen sich nun Ge-
wichtungen vornehmen, Arbeitsblöcke bilden oder Delegationsaufgaben formulieren. Es ist ganz Ihnen überlassen, welche Form der Klassifizierung Sie anwen-
den. Es kann die Einteilung nach A-, B-, C-Aufgaben und »Papierkorb« sein
oder jede andere Form der eindeutigen Zuordnung. Die nachfolgende Mind Map
ist ein Vorschlag:

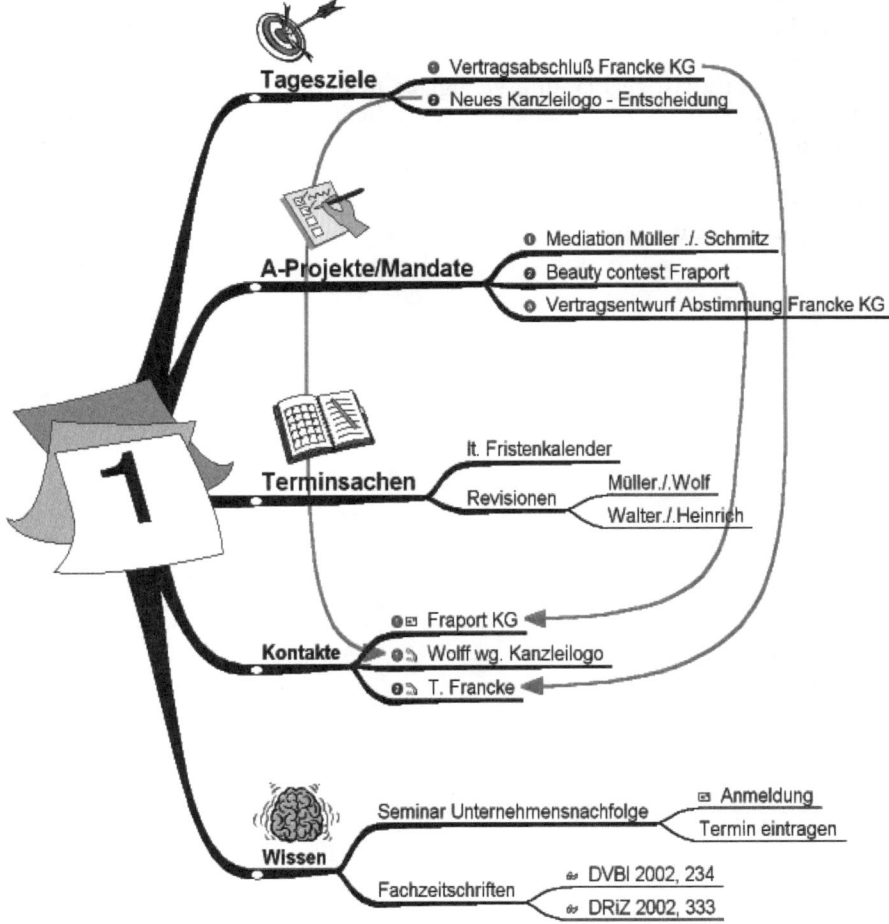

Abb.: Tagesplanung – konkret

Der vierte Schritt: Umsetzung und Einbettung in die Arbeitsorganisation

47 Mind Maps eigenen sich als »Drehbücher« und Leitfaden für das eigene Handeln. Durch den Überblick, den Sie gewonnen haben, können Sie Ihre eigene Zeit besser planen.

Dieser Vorsprung hilft Ihnen, Termine und Aufgaben optimal in eine vorhandene Arbeitsorganisation und in ein Planungssystem einer Kanzlei einzubetten.

Einige Hinweise sollen Ihnen den Transfer in die traditionellen Planungssysteme erleichtern:

➤ Zeitplanbücher
Wenn Sie ein Zeitplanbuch nutzen, heften Sie Ihre »Visions-Mind Map« ganz nach oben. Bei der Monats- oder Wochenplanung behalten Sie so Ihre Ziele im Auge.

Für die kurzfristige Planung genügt es in der Regel, sich mit einer Mind Map den Überblick zu verschaffen. Anschließend können Sie Ihre Aufgaben »auf die Woche verteilen« und Termine und Kontakte eintragen. Unbenommen bleibt es Ihnen, die Tagesplanung als Mind Map in Ihrem Kalender aufzunehmen.

Beispielseite aus Time/system Mind Map

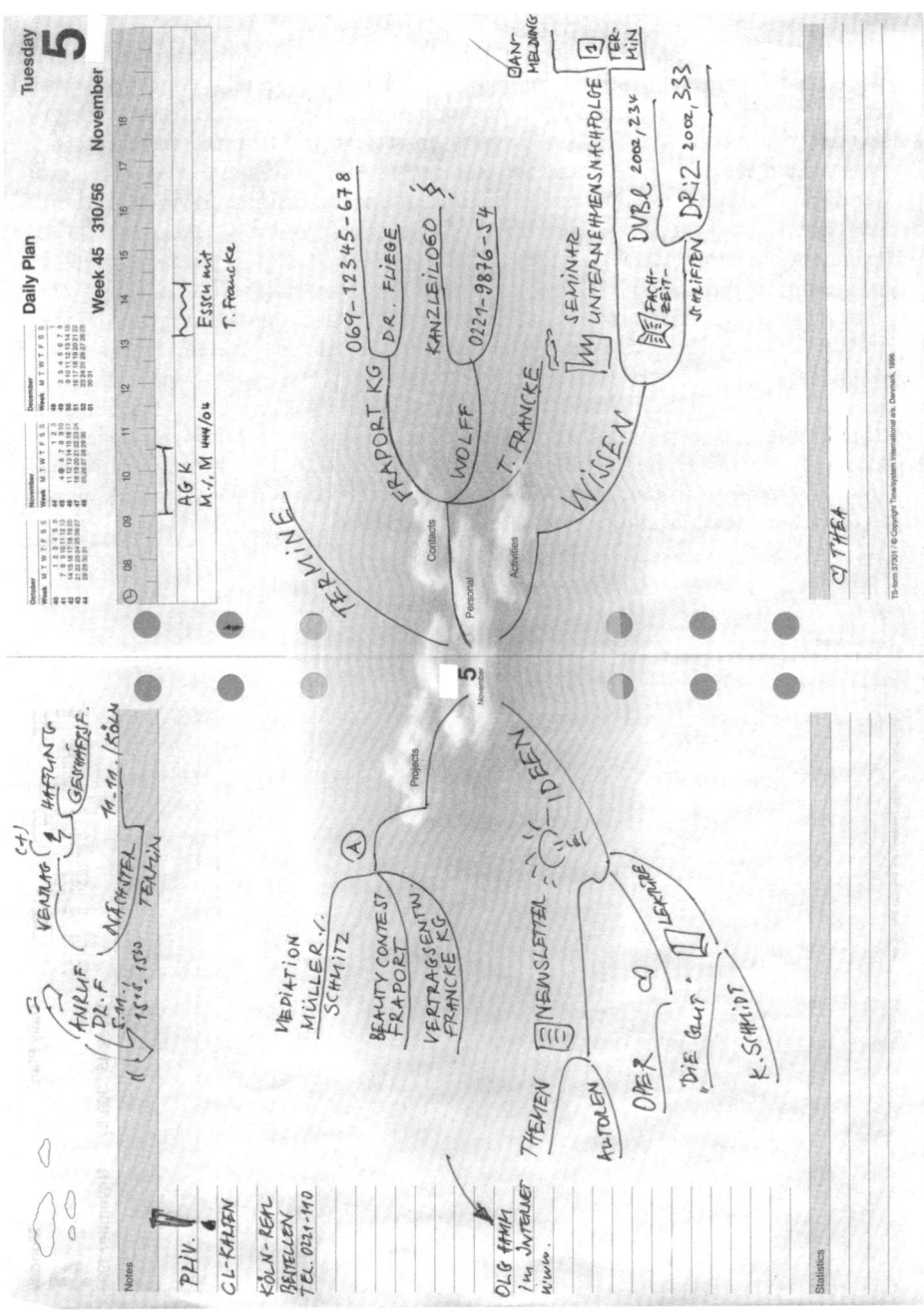

➢ PC-Kalendersysteme

Auch elektronische Kalender können Sie mit Mind Mapping kombinieren. Wenn Sie Outlook® und das elektronische Mind Mapping-Programm »Mindmanager«[2] nutzen, dann steht Ihnen noch eine Zusatzfunktion zur Verfügung. Elektronisch erstellte Mind Maps lassen sich mit Outlook synchronisieren (siehe dazu Rn 122 ff.). So können Sie im Nu zusammengehörige oder zeitlich gebundene Aufgaben strukturieren und in eine Ordnung bringen, indem Sie Aufgaben und Termine in eine Mind Map exportieren.

➢ Taschencomputer (PDA)

Seit einigen Jahren sind sehr leistungsfähige handtellergroße Computer auf dem Markt. Sie können mit allen gängigen PC-Kalenderprogrammen synchronisiert werden und bieten sich zur Pflege von Terminen, Aufgaben und Kontakten an. Die verschiedenen Ansichtsformate für Aufgaben, Termine und Kontakte ermöglichen Ihnen auch unterwegs alle wesentlichen Tagesinformationen mitzuführen und Ihre Tages- oder Aufgabenplanung mit einer Mind Map zu organisieren. Das elektronische Mind Map-Programm »Mindmanager« gibt es auch in einer PDA-Version. Mit ihr können Sie vorhandene Mind Maps weiterbearbeiten oder neue erstellen (Näheres unter Rn 131).

2 Näheres hierzu finden Sie auf der Internetseite www.mindjet.de

Besprechungsmanagement

Besprechungen sind anwaltlicher Alltag. Die meisten Gespräche folgen einer **48**
vorgegebenen inneren Struktur und werden zielgerichtet geführt. Aber es gibt
auch eine Vielzahl komplexer Beratungen mit mehreren Teilnehmern und verschiedenen Tagesordnungspunkten. Hier findet sich der Anwalt oft in der Rolle
eines Gesprächsleiters oder Moderators. Von ihm wird erwartet, dass er die Ge-
sprächsfäden in der Hand behält und den Verlauf lenkt.

Besprechungsmanagement mit Mind Mapping

Mind Mapping unterstützt die Vorbereitung, Durchführung und Nachbereitung **49**
der Besprechung. Diese Form der Vorarbeit und Begleitung ist immer dann sinnvoll, wenn der Gegenstand komplex, die Standpunkte kontrovers und die Teil-
nehmerzahl größer als zwei ist.

Vorbereitung der Besprechung

Beginnen Sie mit einer Blitz-Mind Map, die folgendermaßen aussehen sollte: **50**

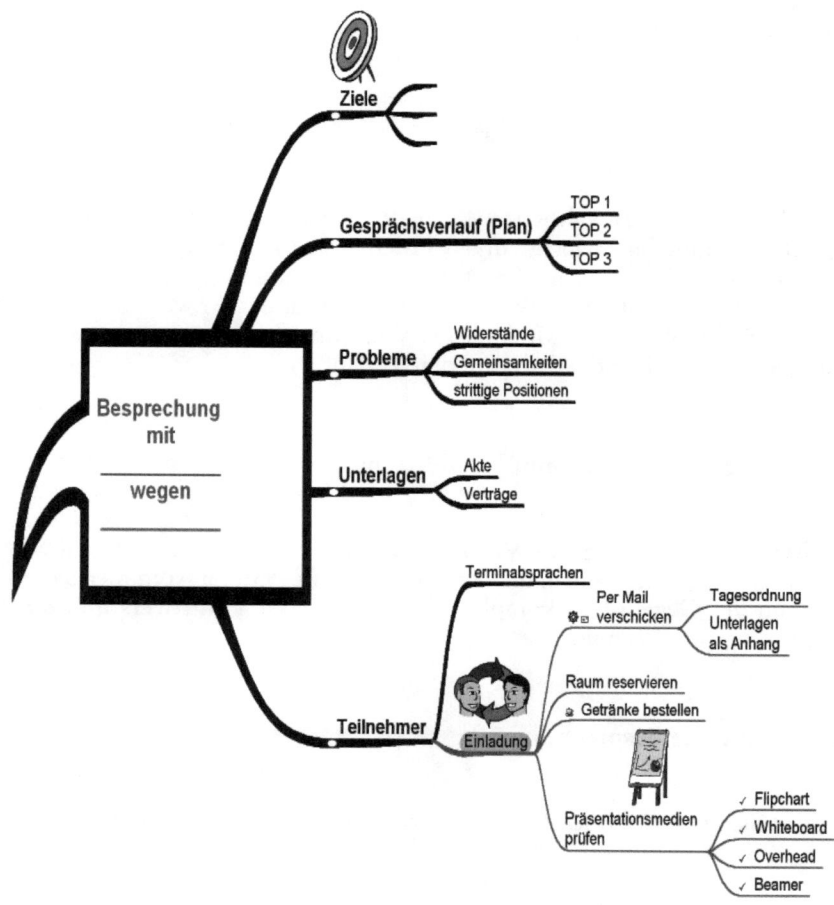

Abb.: Erste Gesprächsvorbereitungsskizze

51 Lassen Sie zunächst die Dinge weg, um die Sie sich nicht kümmern müssen, etwa Terminvereinbarung oder Raumreservierung. Konzentrieren Sie sich auf die Gesprächsziele und die Tagesordnung.

Lassen Sie in Ihrer Mind Map Platz für eigene Ideen. Entwickeln Sie aus den Gesprächszielen die Tagesordnung (soweit diese nicht vorgegeben ist).

Während der Besprechung

52 Für die Besprechung selbst stellen Sie sich eine Gesprächs-Mind Map zusammen, die folgendes Aussehen hat:

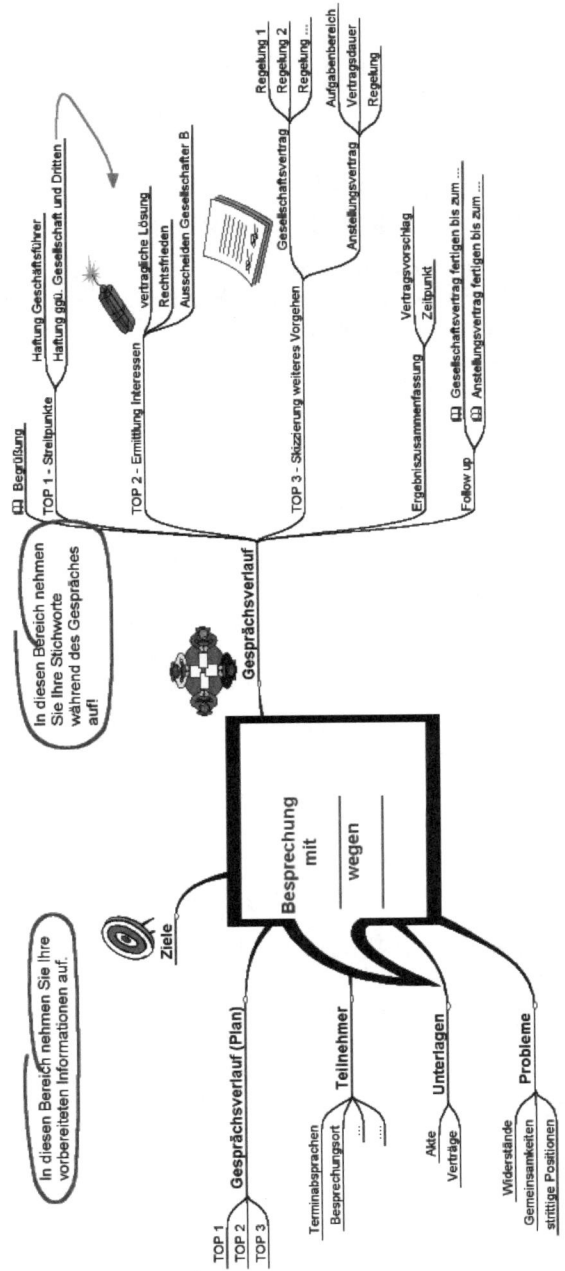

Abb.: Während der Besprechung fortgeführte Mind Map

53 Auf der linken Seite Ihrer Mind Map können Sie Ihre vorbereiteten Informationen festhalten, etwa Gesprächsdaten oder Verweise auf Unterlagen. Auf der rechten Seite fügen Sie Hauptäste mit den Tagesordnungspunkten an. Es reicht aus, die Tagesordnungspunkte mit wenigen Begriffen zu skizzieren. Die schriftliche Übersicht liegt allen Teilnehmern vor.

54 **Praxistipp:** Während der Besprechung sollten Sie die Gesprächs-Mind Map vor sich liegen haben und durch das Gespräch navigieren.

55 Argumente zu einzelnen Punkten vermerken Sie als Stichwort am Ast des jeweiligen Tagesordnungspunktes. In der unmittelbaren Nachbereitung des Gespräches genügt dieses Stichwort, um weitere Details in Erinnerung zu rufen, die Sie dann in Ihrem Protokoll vermerken.

Nicht selten verlaufen Gespräche aber auch in der Form, dass sich Teilnehmer zu ganz anderen Aspekten äußern. Diese Beiträge können Sie in Ihrer Gedankenkarte nun durch eine kleine Anfügung an einem Hauptast aufnehmen, den Sie mit »Außer Tagesordnung« oder »Sonstiges« bezeichnen. Auch wenn Sie nun zur Tagesordnung zurückkehren, können Sie diesen Wortbeitrag – der bei linearen Aufzeichnungen vielleicht verloren gegangen wäre – wieder aufgreifen.

Anhand Ihrer Zeichnung werden Sie die Dynamik des Gesprächsverlaufs sehr genau verfolgen können, denn an besonders umstrittenen Punkten haben Sie wahrscheinlich zahlreiche Anfügungen vorgenommen.

Am Ende des Gespräches werden Sie anhand der Aufzeichnungen Ergebnisse zu allen Punkten zusammenfassen und offene Punkte benennen können.

Nach der Besprechung

56 Die Gesprächs-Mind Map ist nach dem Gespräch die Grundlage für ein mögliches Protokoll und/oder die Zusammenstellung der Ergebnisse bzw. der nächsten Handlungsschritte.

In der Regel werden Sie mit Ihrer Gesprächs-Gedankenkarte allen Beteiligten eine Kurzzusammenfassung auf den Weg geben können

Bei komplizierten Gesprächen kann es sinnvoll sein, im Anschluss an das Gespräch eine Mind Map in »Reinform« zu erstellen, etwa weil in der Hektik der Erörterungen die Zeichnung unübersichtlich geworden ist.

Mit diesem Gesamtüberblick sind Sie nun in der Lage

➢Ergebnisprotokoll,
➢nachfolgende Schritte (follow-up) und
➢Kontrollüberlegungen

mit dem herkömmlichen Planungsinstrumentarium zu bewältigen. Ihre Mandanten und Partner brauchen so auf die allgemein bewährten Formen der Darstellung nicht verzichten.

Abb.: Ein aus der Mind Map diktiertes Ergebnisprotokoll (zur automatischen Erstellung siehe auch Rn 128 ff.)

Projektmanagement

Die anwaltliche Arbeit ist heute so komplex, dass nicht selten aus größeren Auf- **57** gaben Projekte entstehen. Dies kann die Einführung eines EDV-Kanzleiprogramms sein, die Organisation eines größeren Mandats oder Überlegungen zur Kanzleiausrichtung.

Erreichen die Aufgabenstellungen einen gewissen Umfang, wird spezielles *Know-how* benötigt oder sind viele Personen beteiligt, ist ein gutes Projektmanagement unerlässlich.

Mit Mind Mapping gelingt es, die Aufgaben und Fragestellungen zu systematisieren und zusammenzustellen. Insbesondere bei Vorüberlegungen innerhalb einer Gruppe können mit dieser Methode die Ideen unkompliziert aufgenommen werden. Am Ende des kreativen Vorüberlegungsprozesses werden die strukturierten Gedanken in Projektpläne »gegossen«.

Projektmanagement – Die Vorüberlegungen

Vor Beginn eines Projektes gilt es, viele Aspekte zu überdenken. Stellen Sie in **58** einer ersten Mind Map zusammen, woran gedacht werden muss. Für eine erste Ideensammlung eignet sich eine einfache Mind Map, in der Sie Ihre Ideen und möglichen Ziele formulieren.

Die Rahmenplanung

Große Projekte, wie die Einführung einer neuen Kanzleisoftware oder die Neu- **59** ausrichtung der Kanzlei erfordern eine umfassendere Planung. Das Vorgehen insgesamt sollte strukturiert werden. Klassisches Projektmanagement in eine Mind Map »übersetzt«, sieht dann folgendermaßen aus:

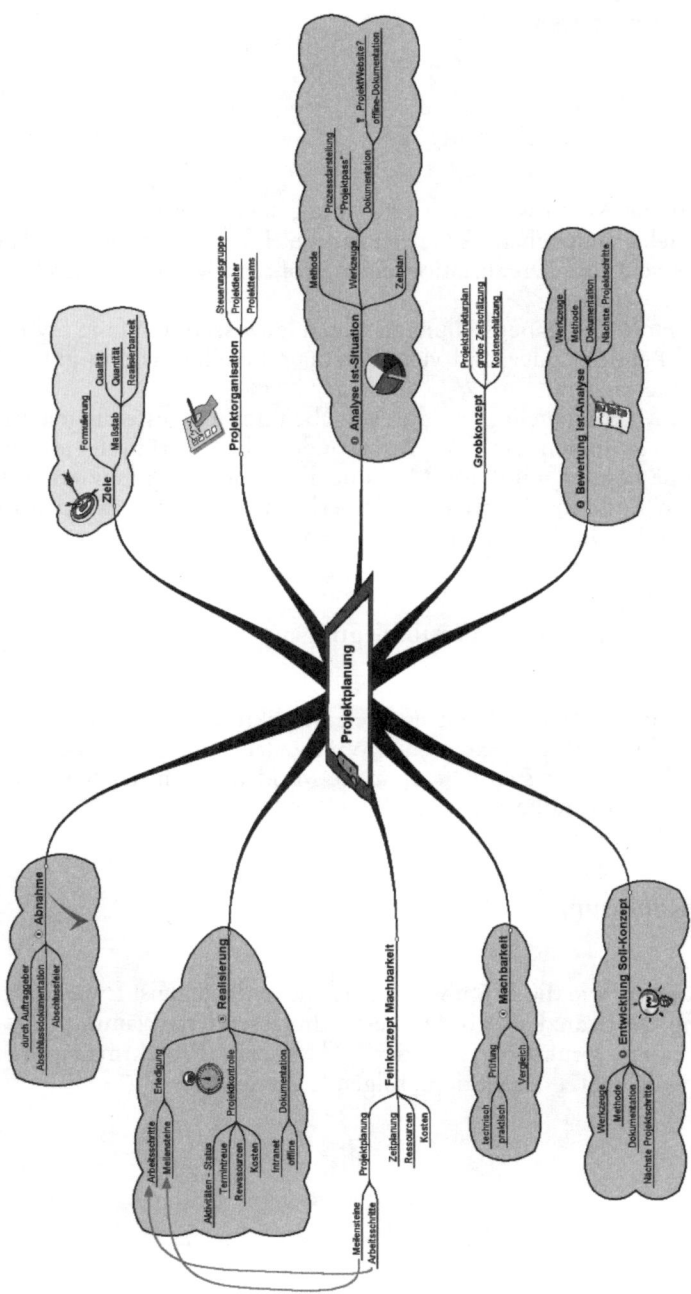

Abb.: Generelle Projektplanungsschritte

Die konkrete Projektplanung

Am Beginn des Projektes steht die Zielplanung. Je nach Umfang des Projektes **60** werden die Zielplanung und die dafür notwendigen Teilschritte einen Großteil Ihrer Überlegungen einnehmen.

➢ Projektziel
   Versuchen Sie in der Projektleitungsgruppe in einer (gemeinschaftlichen) Mind Map das Projektziel zu definieren und die sich daraus ergebenen Schritte abzuleiten.

   Beispiel: Sie planen, die anwaltlichen Leistungen Ihrer Partner durch Zielvereinbarungen zu bündeln und auszurichten. Sie haben sich mit verschiedenen Methoden auseinandergesetzt und »Pro« und »Contra« abgewogen. Sie haben sich nach einigen Vorüberlegungen für das System der »Balance Scorecard« entschieden. Die wichtigsten Aspekte fassen Sie nun einer Mind Map zusammen. Anhand dieser Zusammenstellung können Sie nun die Umsetzung, d.h. Formulierung, nächste Schritte usw. planen.

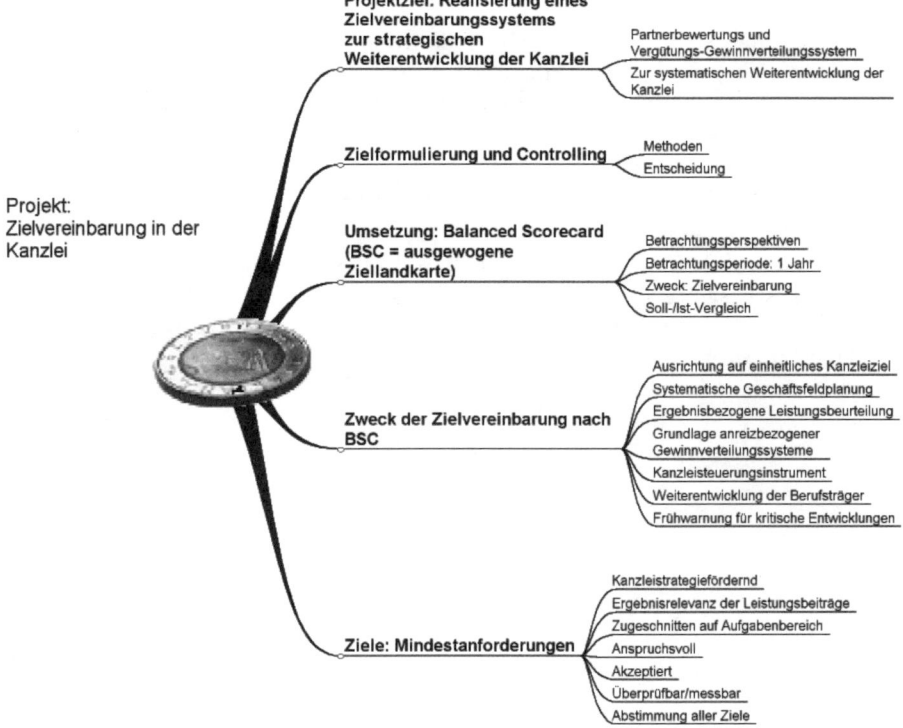

Abb.: Konkrete Projektüberlegungen zur Zielsetzung

➢ Von der Mind Map zur konkreten Planung
Nun müssen Sie zu den von Ihnen zusammengestellten Aspekten zur konkreten Umsetzung kommen. Nehmen Sie Ihre Projekt-Mind Map zur Hand (s.o., Rn 60), bilden Sie – wenn notwendig – Projektgruppen, holen Sie sich unter Umständen externe Hilfe, formulieren Sie Teilaufgaben.

Mit Hilfe Ihrer Mind Map, formulieren Sie als Projektleiter Teilaufgaben, bilden Teams und überwachen die Projektfortschritte. Verteilte Aufgaben, zuständige Projektgruppen und erledigte Meilensteine werden in Ihrer Projekt-Mind Map markiert.

➢ Ganzheitliche Projektleitung und -begleitung
Als Projektleiter behalten Sie zu jedem Zeitpunkt die intellektuelle und organisatorische Übersicht. Sie fügen neue Aspekte an schon vorhandene Äste an, wenn sich im Laufe des Projektfortschrittes neue Erwägungen ergeben, sie erkennen Zeitrückstände, sie können die Projektaufgabe an veränderte Gegebenheiten anpassen.

➢ Projektabschluss
Überprüfen Sie mit Ihrer Projekt-Mind Map die Ergebnisse. Anhand Ihrer weitergeführten Mind Map werden Ihre Resultate umfassend »nachgezeichnet«:

➢Vergleichen Sie Plan und Ergebnis! Wurden zusätzliche Ergebnisse erzielt?
➢War die Terminplanung realistisch? Analysieren Sie die Abweichungen. Warum wurden Termine überschritten? Wo lagen Schwierigkeiten?
➢Personal – Hat das Team funktioniert? Wurden die richtigen Fachleute benannt? Wo gab es Konflikte?
➢Kosten – Wie hoch waren Ihre tatsächlichen Kosten?

➢ Projektdokumentation
Die weitergeführte und aktualisierte Mind Map dokumentiert in einzigartiger Weise das gesamte Projekt. Sie »überblicken« es in seiner Gesamtheit. Gute Projekt-Mind Map dienen als Grundlage für das Projektmanagement ähnlich gelagerter Aufgabenkomplexe.

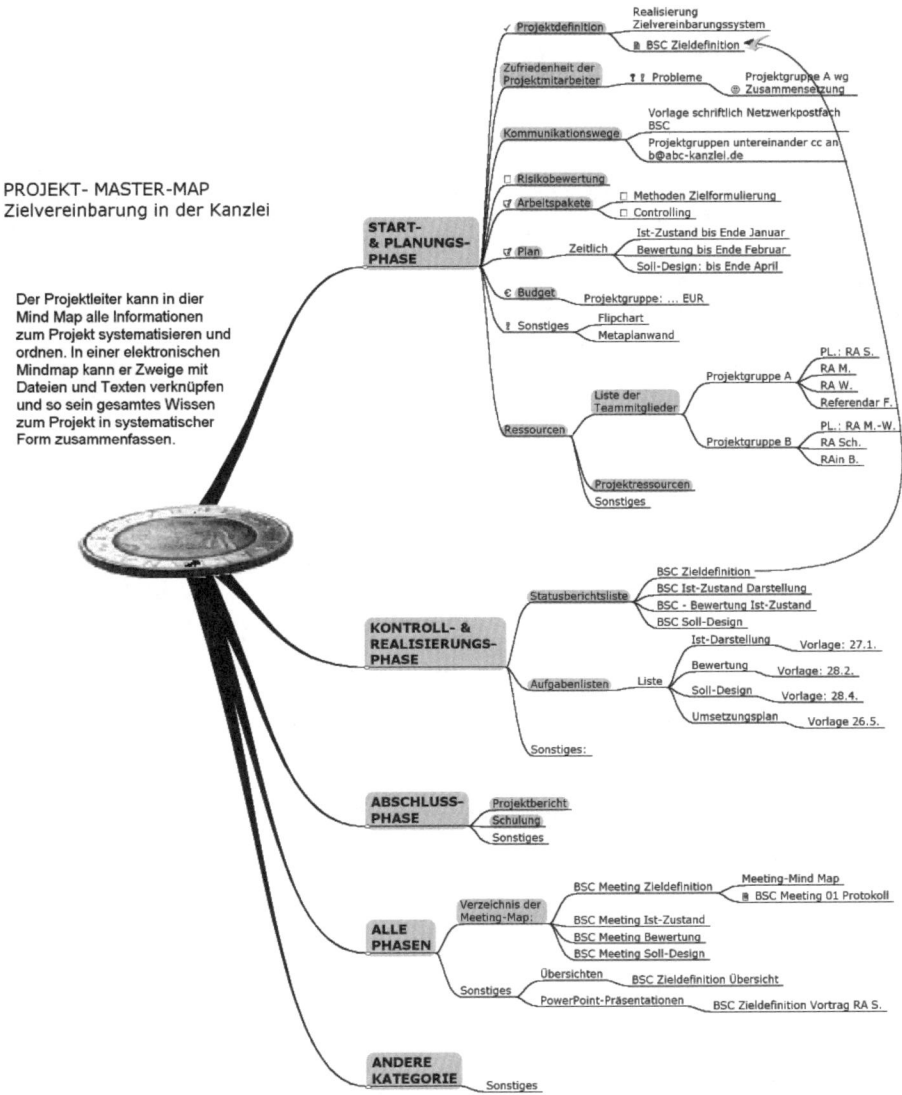

PROJEKT- MASTER-MAP
Zielvereinbarung in der Kanzlei

Der Projektleiter kann in dier
Mind Map alle Informationen
zum Projekt systematisieren und
ordnen. In einer elektronischen
Mindmap kann er Zweige mit
Dateien und Texten verknüpfen
und so sein gesamtes Wissen
zum Projekt in systematischer
Form zusammenfassen.

Abb.: Projekt Master-Mind Map zur Begleitung des Projektes in allen Phasen

(Fort)bildung

Lebenslanges Lernen

Das Recht ist eine dynamische Materie. Es entwickelt sich ständig fort. Lebens- **61**
langes Lernen ist Bestandteil des anwaltlichen Berufsbildes.

Die Anpassung des Wissens muss aber, anders als zu Schul- und Universitäts-
zeiten, in den ausgefüllten beruflichen Alltag integriert werden. Wer nach einer
anstrengenden Arbeitswoche ein Wochenendseminar besucht und viele Seiten
handschriftlicher Aufzeichnungen produziert hat, wird diese nur ungern noch
einmal durcharbeiten und exzerpieren.

Gestalten Sie Ihre Lernzeit abwechslungsreich!

Wie kann die Zeit, die in Weiterbildung investiert wird so effektiv und kurzwei- **62**
lig wie möglich gestaltet werden?

Mit Mind Mapping Wissenslandkarten zeichnen

Die mangelnde Übersichtlichkeit linear strukturierter Aufzeichnungen wurde **63**
bereits an anderer Stelle erwähnt.

Verwenden Sie Mind Maps auch bei der Erarbeitung neuer Wissensgebiete. Für
den Anwalt eignet sich die Technik bei drei typischen Tätigkeiten besonders:

➢ Fachbuchlektüre
➢ Besuch eines (Fach)vortrages
➢ Besuch eines Seminars

Erarbeiten der Inhalte von Fachbüchern oder -aufsätzen

Zwei Phasen sind zu unterscheiden: Die Vorbereitung und lesebegleitende Auf- **64**
zeichnung Ihrer Lektüre.

1. Phase: Vorbereitung einer Mind Map zum Fachbuch/-aufsatz

65 Hierfür benötigen Sie je nach Umfang des Werkes oder Aufsatzes 20–30 Minuten Zeit.

> ➤ Überfliegen Sie die Inhaltsübersicht/Gliederung des Buches (ca. 10 Minuten)
> Verschaffen Sie sich einen ersten Überblick.
>
> Gut gemachte Bücher/Aufsätze fassen ihre Inhalte auf der Umschlagrückseite oder in den Klappentexten zusammen. Anhand des Inhaltsverzeichnisses können Sie sich eine Grundstruktur Ihrer Mind Map zum Buch erstellen. Blättern Sie auch die Textseiten durch, um ein Gefühl für die Darstellungsform zu bekommen.
>
> Zeichnen Sie auf einem Blatt eine Mind Map zum Buchaufsatz oder eines Sie interessierenden Teilkapitels.

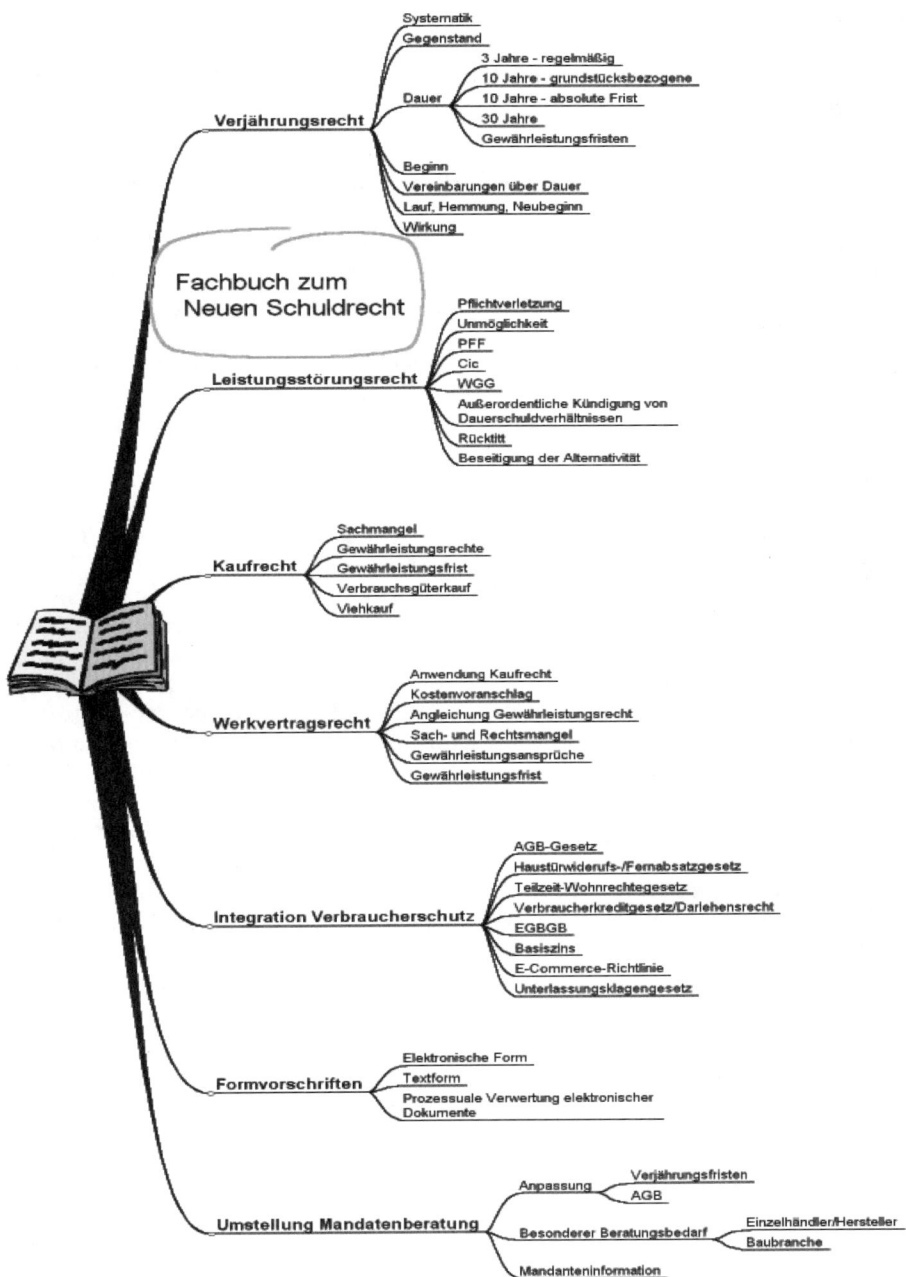

Abb.: Fachbuch – erste Übersicht

Zweck der Übersichts-Mind Map

66 Mit dieser ersten Übersichtsgedankenkarte geben Sie Ihrem Gehirn eine wichtige dauerhafte Orientierung. Sie hilft, das bei der Lektüre erworbene Detailwissen systematisch zu verankern.

> ➤ Bestimmung des Zeitrahmens für die Bearbeitung des Buches/Aufsatzes (ca. 1-5 Minuten)
> Legen Sie den Zeitrahmen fest, innerhalb dessen Sie sich den Inhalt des Buches/Aufsatzes erschließen wollen. Sie schaffen damit einen Rahmen, der Ihrer Beschäftigung ein Ziel gibt. Zugleich fördert die Aufteilung in »handliche« Zeitabschnitte den Leseerfolg.
> ➤ Erstellen Sie eine Mind Map zu Ihrem persönlichen Wissen zum bearbeiteten Thema (ca. 10 Minuten)
> Sicher haben Sie mit dem Thema der Fachlektüre schon Berührung gehabt. Erstellen Sie eine Blitz-Mind Map, in der Sie Ihr Wissen zum Thema zusammenstellen. Wahrscheinlich sind Ihnen schon beim ersten Überfliegen Ideen und spontane Eingebungen gekommen.
> Mit diesen Überlegungen gelangen passende Assoziationen an die Oberfläche, die Ihnen helfen werden, das Thema des Fachbuches in größerer Tiefe zu reflektieren. Bereits vorhandene Gehirnstrukturen werden aktiviert. Sie wissen, wo Sie offene Fragen haben, erkennen aber auch, wo bereits Kenntnisse vorliegen.
> ➤ Festlegung Ihrer (Wissens-) Ziele
> So vorbereitet können Sie nun die Ziele formulieren, die Sie mit Lektüre des Buches/Aufsatzes verfolgen. Dies kann die Beantwortung einer Rechtsfrage sein, der Erwerb einer Fähigkeit oder der systematische Überblick über ein fremdes Rechtsgebiet.
> Für Ihr Wissensziel reservieren Sie einen Zweig in Ihrer Mind Map zum Buch.
> Mit der Formulierung der Ziele erreichen Sie, dass relevante Informationen bei der Lektüre aufgenommen werden. Die Mind Map dient als »Appetizer« für Ihren »Wissenshunger«.

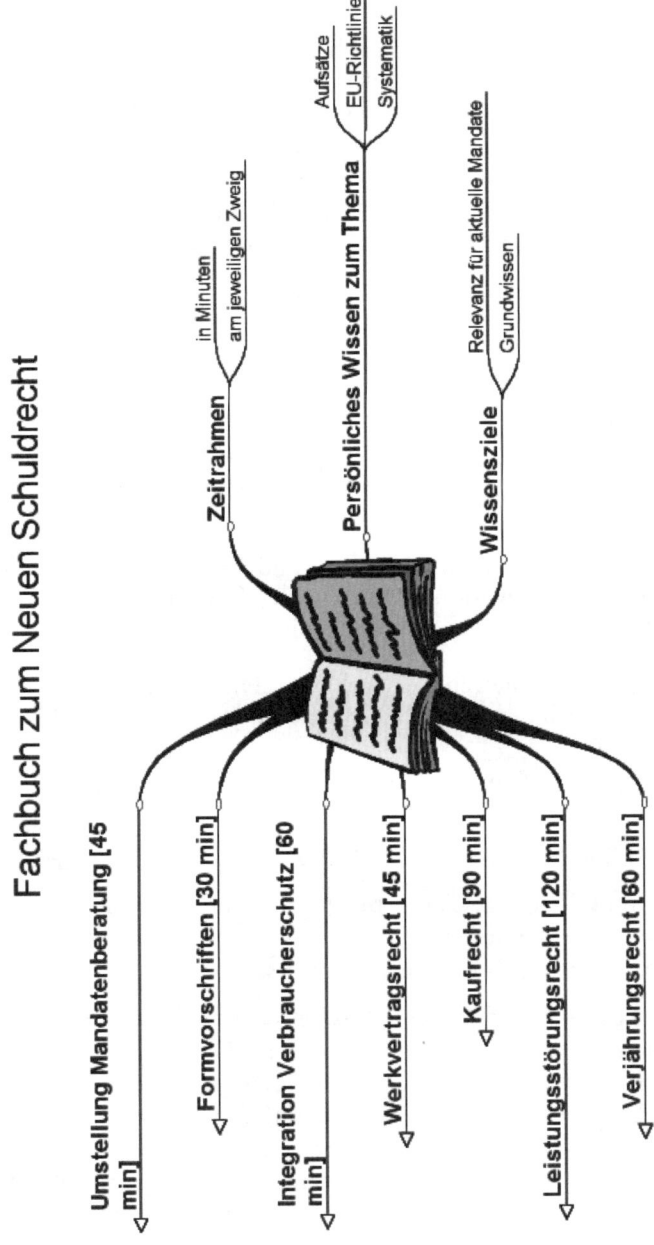

Abb.: Leseplan ergänzt durch Wissensziele

2. Phase: Lesebegleitende Aufzeichnung – Ihre Buch-Mind Map

67 Die Vorbereitung auf die Lektüre erscheint Ihnen beim ersten Mal vielleicht ungewohnt. Aber eigentlich entspricht sie Ihrem sonstigen zielgerichteten Vorgehen. Sind diese ersten Schritte einmal eingeübt, werden Ihnen die Vorbereitungsüberlegungen bei kleineren Aufsätzen schnell von der Hand gehen.

> Überfliegen Sie den Text
> Bevor Sie den Text lesen, überfliegen Sie ihn kurz! Dies geschieht in vier Schritten, die auch ineinander übergehen können:

> ➤ Überblick
> ➤ Vorschau
> ➤ Einsichtnahme
> ➤ Nachschau

> Der Überblick
> Verschaffen Sie sich einen genaueren Überblick über den Text. Gute juristische Texte lassen sich schnell erschließen. Zwischenüberschriften und Zusammenfassung liefern eine wichtige Orientierung.
> Die Vorschau
> Lesen Sie zentrale Abschnitte. Anfang und Ende eines Abschnitts beinhalten die wichtigsten Informationen. Entscheiden Sie, ob Ihnen die nähere Beschäftigung mit diesem Kapitel überhaupt weiterhilft.
> Die Einsichtnahme
> Sie wissen nun, wo Sie genauer nachlesen. Die Informationen, die für Sie von Relevanz sind, nehmen Sie als Stichworte in Ihre Buch-Mind Map auf.
> Die Nachschau
> Ihre Lektüre ist beendet. Ziehen Sie Bilanz. Sind Ihre Fragen beantwortet? Was ist noch offen geblieben?

68 **Praxis:** Ihre Mind Map zum Buch/Aufsatz

Sie können Ihre Mind Map zum Buch oder Aufsatz während oder nach Abschluss der Lektüre erstellen oder nach Abschluss. Dies wird sich nach dem Umfang der Materie und Ihrem eigenen Wissensstand richten.

In der Praxis bewährt hat sich eine skizzenhafte Begleitung, die sich als Grundlage für eine genauere Mind Map hervorragend eignet. Wenn Sie das gesamte Fachbuch überblicken, wissen Sie, wie sich einzelne Elemente aufeinander beziehen. Sie können dann auch die Zusammenhänge zu Ihrem eigenen Wissen herstellen. Insbesondere die Verknüpfung zu den Fragen, die Sie beantwortet haben möchten (Wissensziele) lässt sich grafisch leicht herstellen. Mit Hilfe von Farben und Codes können die relevanten Informationen »markiert« werden.

Extra: Vorträge mit Mind Maps »aufzeichnen«

Ähnlich wie beim Buch können Sie von Fachvorträgen Mind Maps erstellen. Die   **69**
Mind Map tritt an Stelle Ihrer bisherigen Notizen.

Wie gehen Sie vor? Wichtig ist, sich zunächst einen Überblick zum Vortragsthema zu verschaffen. Oft helfen ausgeteilte Gliederungen. Sollte Gelegenheit
sein, sich auf einen Vortrag einzustimmen, nehmen Sie diese Gliederung als
Grundlage Ihrer Vortrags-Mind Map. Wenn Sie Zeit haben, versuchen Sie Ihr
eigenes Wissen zum Vortragsthema in diese Mind Map aufzunehmen (s.o.).

Haben Sie Ihre Übersicht zur Rede abgeschlossen, können Sie dieser konzent-
riert folgen. Zu den Hauptgliederungspunkten, die die Äste Ihrer Mind Map repräsentieren, fügen Sie von Zeit zu Zeit aussagekräftige Begriffe hinzu. Dies wird
Ihnen als Assoziation ausreichen, um die weitergehenden Informationen aus dem
Gedächtnis abrufen zu können.

Praxistipp: Es kann sein, dass Ihre Mind Map zum Vortrag unübersichtlich   **70**
wird. Das kann mehrere Ursachen haben: Die Rede war unstrukturiert, die
Gewichtung einzelner Gliederungspunkte war für Sie nicht erkennbar oder die
Arbeitsbedingungen für die Aufzeichnung Ihrer Mind Map waren schlecht.

Erstellen Sie eine neue Mind Map und versuchen Sie die Gedanken in eine Ord-   **71**
nung zu bringen.

Seminare mit Mind Map zusammenfassen

Mit der eben dargestellten Vorgehensweise können Sie auch mehrstündige oder   **72**
mehrtägige Seminare in einer Master-Mind Map zusammenfassen. Eine solche
globale Wissenslandkarte werden Sie jedoch nicht in einem Wurf zeichnen können.

Eine mehrtägige und mehrmonatige Fortbildung zum Fachanwalt setzt sich
aus vielen Einzelstunden mit einzelnen Themenkomplexen zusammen. Zu jedem
Thema sollten Sie daher eine Mind Map fertigen.

Die Nachbereitung Ihrer Fortbildung kann in Form einer Verdichtung dieser
verschiedenen Mind Maps zu einer großen Wissenslandkarte erfolgen. Mit dieser
Karte erschließen Sie das gesamte behandelte Gebiet. Die Äste spiegeln alle Teil-
aspekte mit den wichtigsten Unterpunkten. Nach Erstellung dieser Master-Mind
Map werden Sie möglicherweise Ihre Einzelaufzeichnungen nicht mehr benötigen. Ihr neuerworbenes Wissen hat eine dauerhafte Verankerung bekommen.

Vorteile des Wissenserwerbs mittels Mind Mapping

73 Die auch im Bereich der Fortbildung Ihnen noch ungewöhnlich erscheinende Methode des Mind Mapping birgt viele Vorteile in sich:

> ➤ Sie erfassen das Thema in seiner Gesamtheit. Sie haben den ganzen Überblick.
> ➤ Sie haben eine Aufzeichnung, anstatt vieler Seiten linearer Mitschriften.
> ➤ Eigene Erfahrungen und Ideen können Sie in Ihr Wissensbild integrieren.
> ➤ Sie geben Ihrem Denken eine Struktur, in der das erworbene Wissen dauerhaft verankert wird.
> ➤ Sie können Ihr Wissen schnell rekapitulieren.

Wissensmanagement

Privates und berufliches Wissen zu organisieren, ist eine komplexe Aufgabe. In **74**
der Berufspraxis ist der gezielte Rückgriff auf vorhandene Informationen, bereits
Durchdachtes oder hilfreiche Vorlagen eine wesentliche Arbeitserleichterung.
Mit einer Mind Map können Sie eine erste Ordnung vornehmen und Ihr Wissensmanagement auf eine solide Basis stellen.

Nutzen Sie ein elektronisches Mind Mapping-Programm, können Sie die Äste
und Verzweigungen Ihrer Mind Map mit E-Mail-, Internet-Adressen oder Dateien verknüpfen. So bringen Sie eine Struktur in komplexe Internet-Lese-
zeichenlisten, ordnen Ihre persönliche Sammlung an Vertragsmustern oder
strukturieren Ihre Notizen und Fortbildungsunterlagen (Näheres zur elektronischen Nutzung erfahren Sie unter Rn 120 ff.). Ihre Informationsinfrastruktur
wird sichtbar. Ein auf diese Weise entwickeltes Gerüst eignet sich für die Umsetzung in ein komplexes Wissensmanagementsystem.

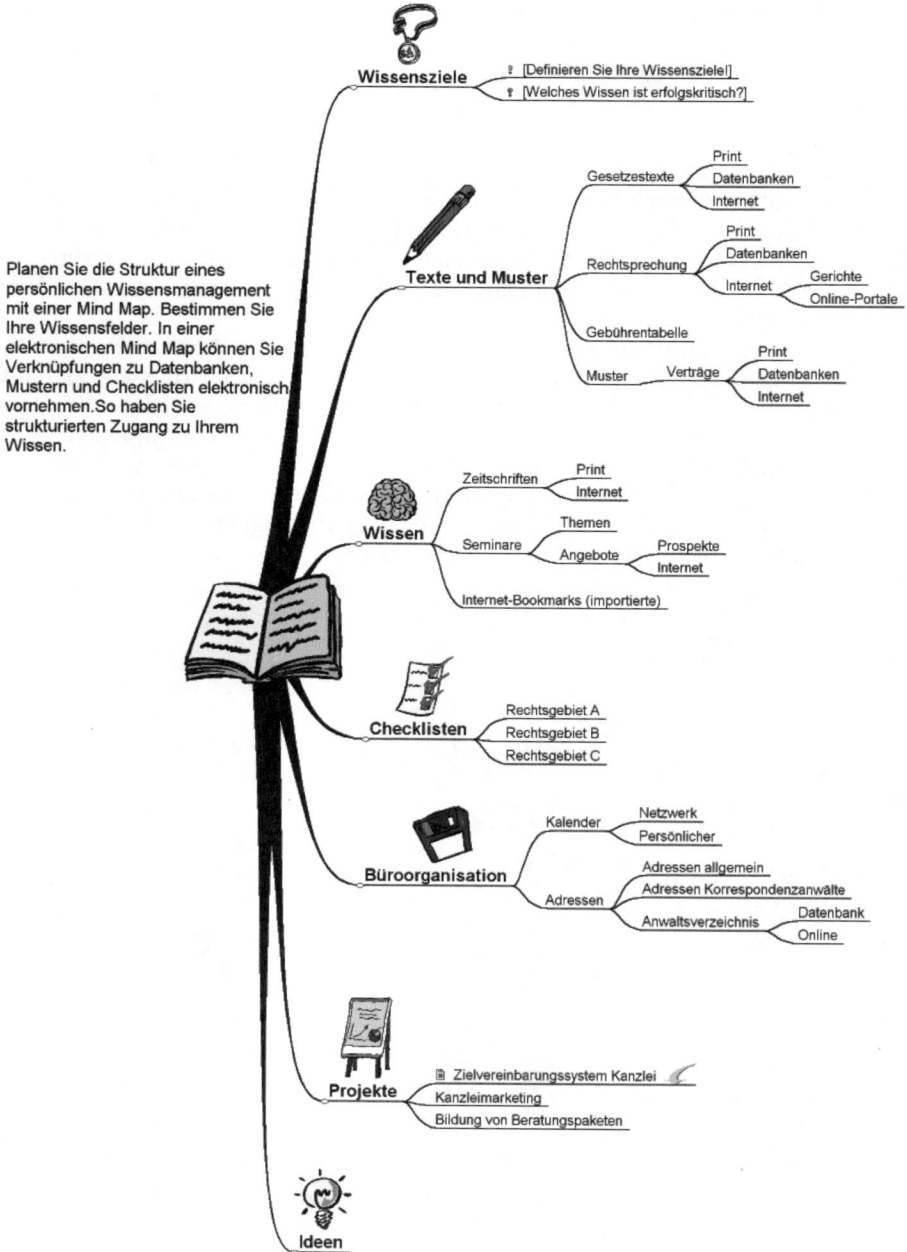

Planen Sie die Struktur eines persönlichen Wissensmanagement mit einer Mind Map. Bestimmen Sie Ihre Wissensfelder. In einer elektronischen Mind Map können Sie Verknüpfungen zu Datenbanken, Mustern und Checklisten elektronisch vornehmen. So haben Sie strukturierten Zugang zu Ihrem Wissen.

Wissensziele
 [Definieren Sie Ihre Wissensziele!]
 [Welches Wissen ist erfolgskritisch?]

Texte und Muster
- Gesetzestexte — Print / Datenbanken / Internet
- Rechtsprechung — Print / Datenbanken / Internet — Gerichte / Online-Portale
- Gebührentabelle
- Muster — Verträge — Print / Datenbanken / Internet

Wissen
- Zeitschriften — Print / Internet
- Seminare — Themen / Angebote — Prospekte / Internet
- Internet-Bookmarks (importierte)

Checklisten
- Rechtsgebiet A
- Rechtsgebiet B
- Rechtsgebiet C

Büroorganisation
- Kalender — Netzwerk / Persönlicher
- Adressen — Adressen allgemein / Adressen Korrespondenzanwälte / Anwaltsverzeichnis — Datenbank / Online

Projekte
- Zielvereinbarungssystem Kanzlei
- Kanzleimarketing
- Bildung von Beratungspaketen

Ideen

Abb.: Entwurf einer persönlichen Wissensmanagementstruktur

Kreative Anwaltstätigkeit – Die Überwindung der Denkblockaden

75

Viele Mandate fordern die kreative Energie des Anwalts. Er entwickelt Lösungen 76 in schwierigen Rechtsfragen mit Hilfe eines Instrumentariums, das von rechtlichen Gestaltungsmöglichkeiten über taktische Überlegungen, Psychologie bis hin zur Intuition reicht.

Mind Mapping unterstützt Ihre schöpferische Tätigkeit vielfältig, weil auf den entstehenden »Karten« alle Überlegungen in einem Bild zusammenfließen. Die oben dargestellten Basis-Mind Maps (s.o. Rn 35 ff.) erhalten jetzt als weitere Dimension die anwaltlichen Gedanken zu Strategie und Taktik und ermöglichen das Nachzeichnen von Gesprächsverläufen und Spannungslinien im Mandat. Die Gedankenkarten spiegeln viele anwaltliche Vorgänge in lebendiger Weise wider und lassen einen schnellen Blick auf Kernprobleme zu.

In den nachfolgenden Kapiteln erhalten Sie Anregungen zur Anwendung des Mind Mappings bei

➢ Vertragsgestaltung,
➢ Mediation,
➢ Reden, Plädoyers und Vorträgen,
➢ Problemlösungen und
➢ zur Komplexitätsbewältigung

Vertragsgestaltung

Die Vertragsgestaltung kann ein höchst kreativer Arbeitsbereich des Anwalts **77** sein. Bei der Veränderung von Standard-Verträgen vor allem aber bei der Schaffung gänzlich neuer Vertragswerke sind viele Planungsschritte zu bedenken. In diesem Kapitel erfahren Sie, wie Sie Ihre

➢ Standard-Verträge mit Mind Maps effizient bearbeiten und
➢ neue Verträge entwickeln.

Bearbeitung von Standard-Verträgen

Standard-Verträge, die Sie für eine Vielzahl von Fällen vorliegen haben, können **78** mit Mind Mapping weiterentwickelt werden. Der Aufbau Ihrer Mind Map folgt der Paragraphierung Ihres Standard-Vertrages. In Ihre Vorüberlegungen und dem Mandantengespräch nehmen Sie an entsprechender Stelle Wünsche auf, die bei der späteren Bearbeitung berücksichtigt werden müssen.

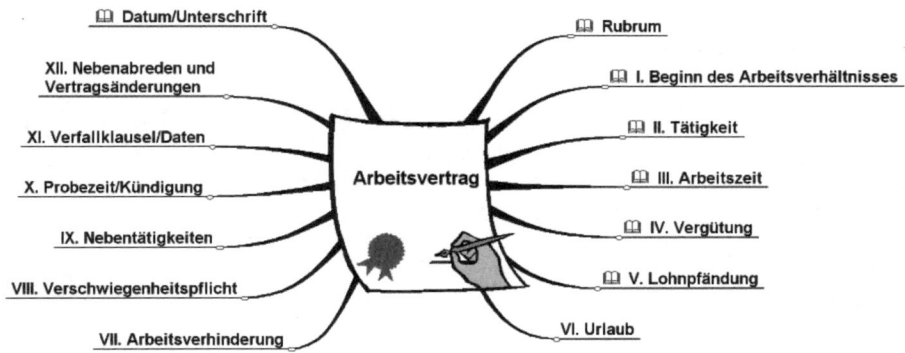

Abb.: Mind Map eines Standardvertrages

Die Grundstruktur können Sie auch als Ausgangspunkt für die Neuformulierung **79** von Varianten des Standard-Vertrages nutzen. Fügen Sie zu diesem Zwecke Haupt- und Nebenäste an entsprechender Stelle ein und verknüpfen Sie dies gegebenenfalls mit einer Musterformulierung.

80 **Praxistipp:** Haben Sie Ihre Standard-Verträge als Word-Datei gespeichert, können Sie mit dem elektronischen Mind Mapping-Programm »Mindmanager« diese in eine Mind Map umwandeln. Paragraphenüberschriften erscheinen als Hauptäste Ihrer Mind Map, die dazugehörigen Texte sind als Symbol an den »Ästen« erkennbar und können über ein gesondertes Textfenster angezeigt und weiter verarbeitet werden (siehe auch Rn 128 ff.).

Entwicklung komplexer Verträge

81 Vielschichtig sind die Anforderungen, die Sie bei der Entwicklung großer Vertragsentwürfe treffen. Hier ist Ihr schöpferisches und organisatorisches Vermögen in besonderer Weise gefordert.

Eine Gemengelage aus regelungsbedürftigen Punkten können Sie mit Mind Mapping in sinnvolle Bearbeitungseinheiten aufteilen.

Die zeitliche Dimension der Vertragsgestaltung betrifft Ihre Fähigkeit, auch umfangreiche Verträge in zeitlich angemessener und planvoller Weise zu bearbeiten.

Mind Mapping trägt dazu bei, die Handlungsfäden zu kontrollieren und alle relevanten Planungsaspekte zu überblicken. Im Folgenden finden Sie einige Vorschläge, wie Sie alle Phasen der Vertragsgestaltung mit geeigneten Gedankenkarten begleiten können.

Phase 1: Vorbereitung

82 Beginnen Sie Ihre Vorbereitung mit spontanen Gedanken, die Sie unter einem Zweig »Ideen« zusammenstellen. Neben Ihren intuitiven Gedanken können Sie Aspekte aus Ihren eigenen Planungschecklisten als Hauptäste in Ihre Zeichnung aufnehmen. Sie könnte etwa so aussehen:

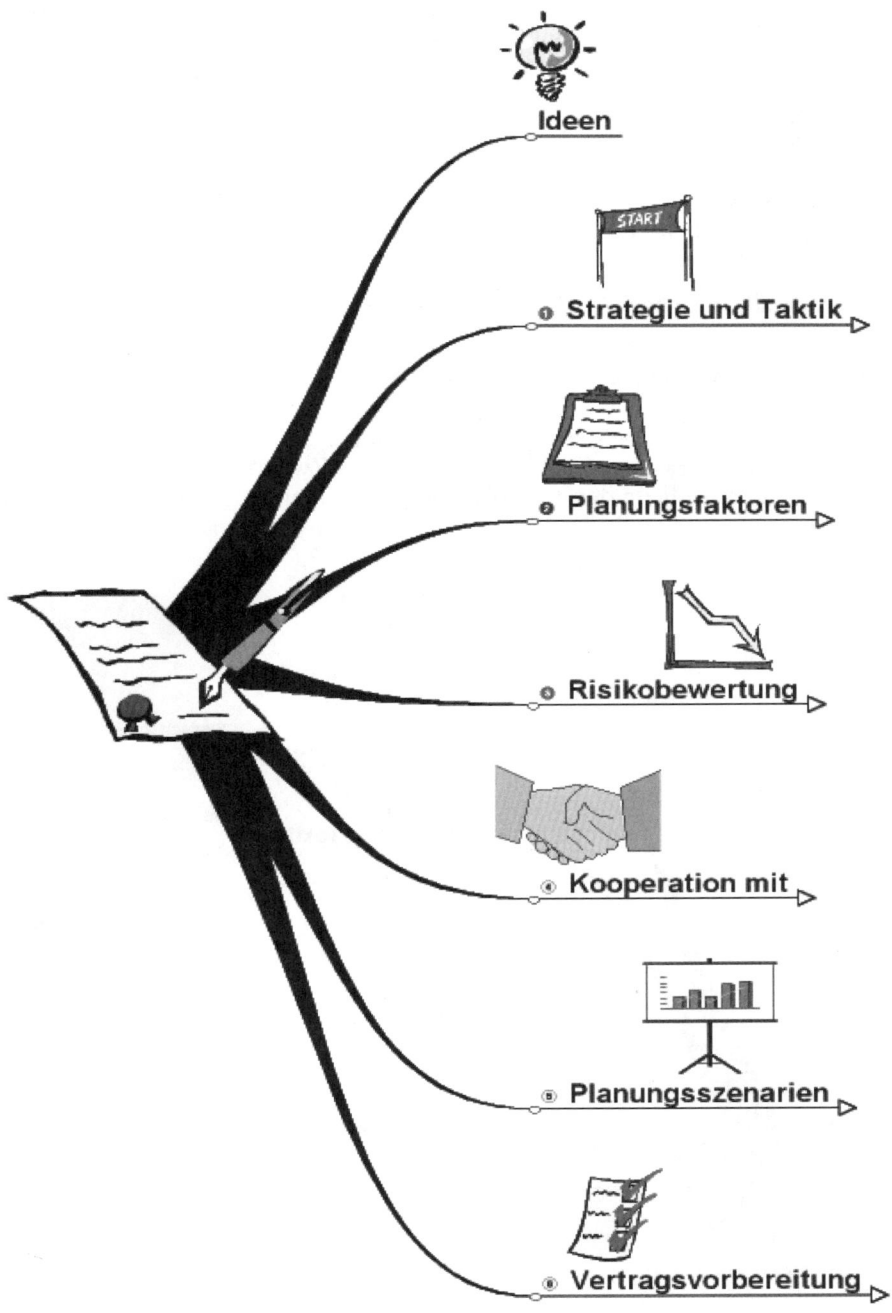

Abb.: Vertrag – Vorüberlegungen

83 Haben Sie Ihre Vorüberlegungen abgeschlossen, wenden Sie sich Ihren Hauptzweigen im Detail zu, indem Sie Ihre Überlegungen zu den Zweigen

> ➤ Ideen
> ➤ Strategie und Taktik
> ➤ Planungsfaktoren
> ➤ Risikobewertung
> ➤ Kooperation
> ➤ Planungsszenarien und
> ➤ Vertragsvorbereitung

gegebenenfalls in eigenen Mind Maps vertieft betrachten.

Schritt 1 – Strategie und Taktik

84 Verträge können strategische Bedeutung haben. Schenken Sie diesem Punkt
gesonderte Aufmerksamkeit. Bearbeiten Sie den Zweig »Strategie und Taktik«
näher. Mindestens die in der nachfolgenden Mind Map aufgenommenen Aspekte
spielen sehr häufig eine Rolle.

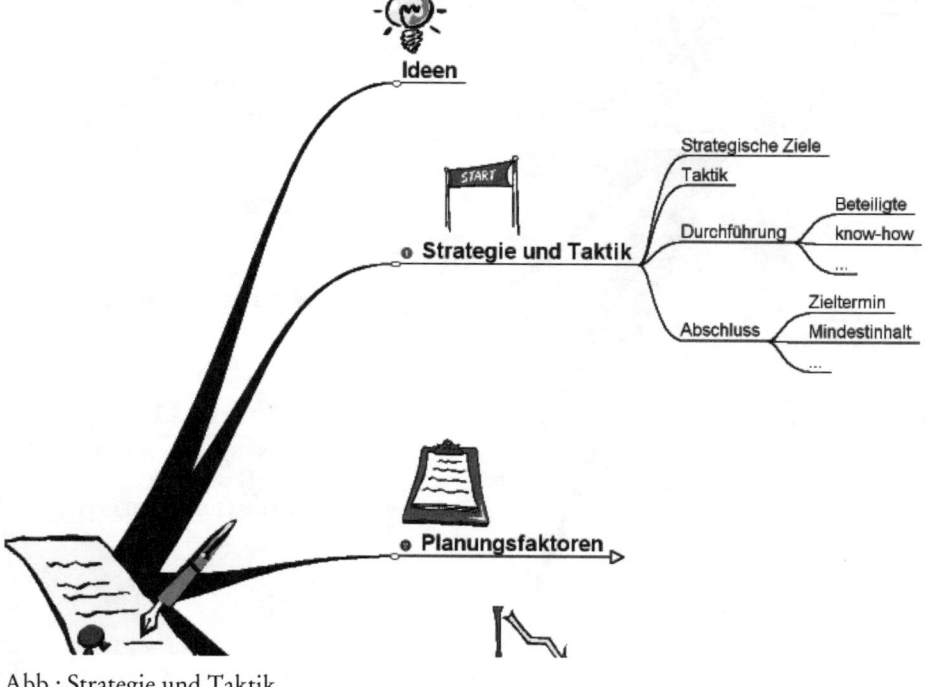

Abb.: Strategie und Taktik

Ihre Gedankenkarte hierzu ermöglicht es Ihnen, die notierten Gesichtspunkte **85**
später bei der Vertragsvorbereitung zu berücksichtigen.

Ihre Überlegungen konkretisieren sich zu einer Leitlinie für Ihr weiteres gestalterisches Handeln. Weitere Gesichtspunkte können sich aus dem Mandantengespräch ergeben oder gezielt ermittelt werden.

Schritt 2 – Die Planungsfaktoren

Gehen Sie zum nächsten Zweig Ihrer Mind Map. Ergänzen Sie die vorhandenen **86**
Zweige oder fügen Sie neue Überlegungen hinzu.

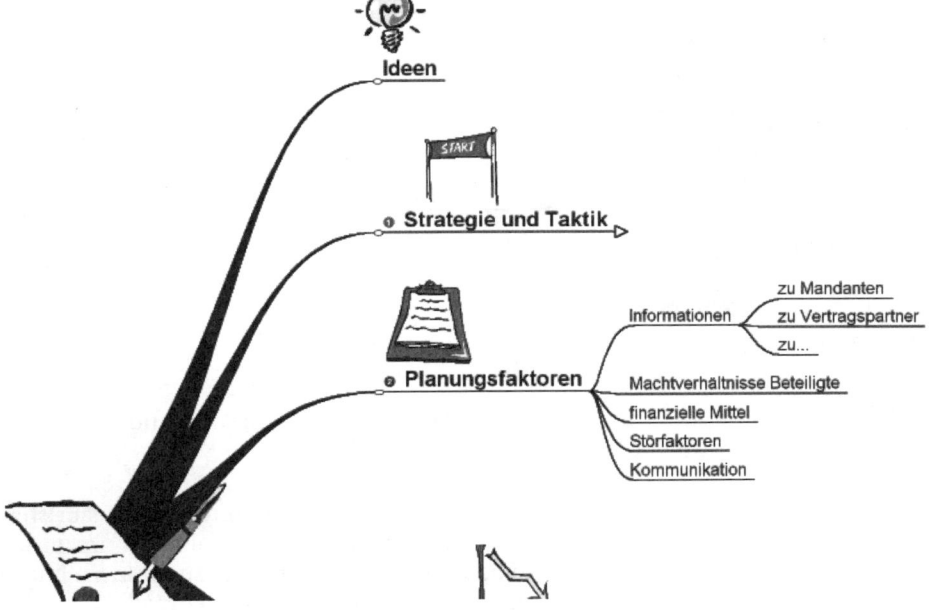

Abb.: Planungsfaktoren

In diese Überlegungen lassen Sie Gesichtspunkte aus der Diskussion mit dem **87**
Team – welches mit der Vertragsgestaltung befasst ist – sowie Ihrem Mandantengespräch einfließen. Ergänzen Sie es durch Erkenntnisse aus eigener Recherche.

Schritt 3 – Die Risikobewertung

Je nach Komplexität des Vertragsgegenstands muss eine Risikobewertung vorge- **88**
nommen werden. Auch diese kann in Ihrer Gedankenkarte dargestellt werden.

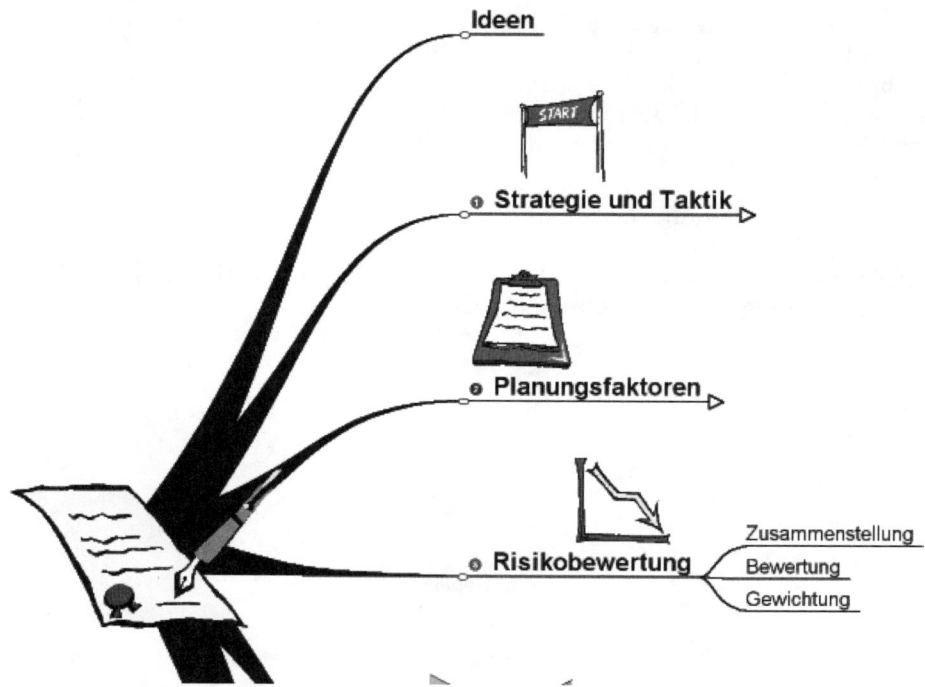

Abb. Risikobewertung

Schritt 4 – Kooperation mit Mandaten, Unternehmensjuristen und Rechtsanwälten

89 Oft ist die Kooperation mit Mandanten, angeschlossenen Unternehmensjuristen und Rechtsanwälten in Ihre Vertragsgestaltung einzubeziehen und zu organisieren. Stellen Sie hierzu alle Überlegungen in einer Mind Map zusammen. Nicht selten ergeben sich aus dieser Kooperation Folgefragen, die beispielhaft in der folgenden Mind Map aufgenommen worden sind.

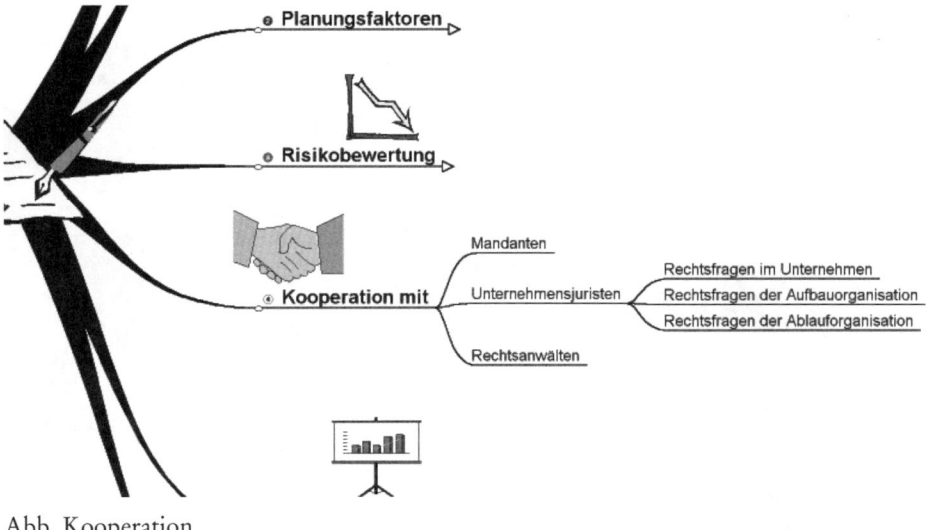

Abb. Kooperation

Phase 2: Planungsszenarien

Ihre Vorarbeiten sind abgeschlossen. In Ihrer Mind Map haben Sie jetzt schon 90
eine Fülle von Aspekten zusammengetragen. Nach Ermittlung und Strukturierung der Informationen beginnt nun der schöpferische Teil.

Ihre Mind Map, die Sie aus den oben erstellten Einzel-Mind Maps zusam-
mengefügt haben, hat jetzt folgendes Aussehen:

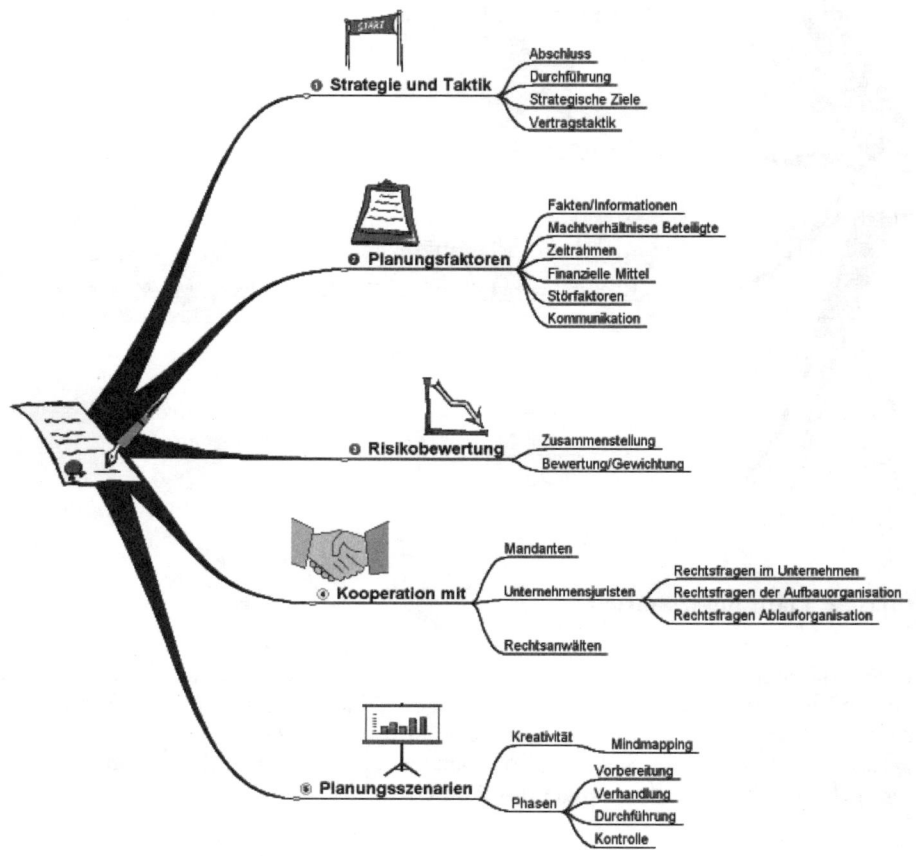

Abb.: Vertragsvorüberlegungen im Detail

91 Sie erkennen, dass sämtliche Einzelüberlegungen in einer großen Gedankenkarte alle relevanten Informationen übersichtlich vereinen.

Aus dieser Zusammenstellung entwickeln Sie Planungsszenarien. Behandeln Sie Ihre Vertragsgestaltung wie ein Projekt, das sich aus Vorbereitung, Verhandlung, Durchführung und Kontrolle zusammensetzt. Stellen Sie die nächsten Schritte allein oder im Team zusammen. – Sind Sie mit dem Mind Mapping vertraut, können Sie die gesammelten Aspekte auf einem Flipchart oder einer Metaplanwand zusammenstellen und Lösungen entwickeln.

92 **Praxistipp:** Nutzen Sie das elektronische Mind Mapping-Programm »Mindmanager«, können Sie aus Ihrer Master-Mind Map eine Tischvorlage in Form eines Word-Dokumentes vorlegen. Dies enthält dann in klassischer Aufzählung alle

Informationen und dokumentiert in vollständiger Weise Ihre bisherige Fakten-sammlung. Näheres unter Rn. 128 ff.

Phase 3: Vertragsgestaltung

Haben Sie Ihre Überlegungen zu Strategie und Taktik, Planungsfaktoren, Risi-   93
kobewertung, Kooperation und Planungsszenarien abgeschlossen, beginnt die
konkrete Vertragsgestaltung.

Schritt 1 – Checkliste Vertragsvorbereitung

Sie haben in dieser Phase alle Details, die Sie in einer oder mehreren Mind Maps   94
zusammengefasst haben in einer Master-Mind Map zusammengefasst. Ihre Ge-dankenkarte sieht nun wie folgt aus:

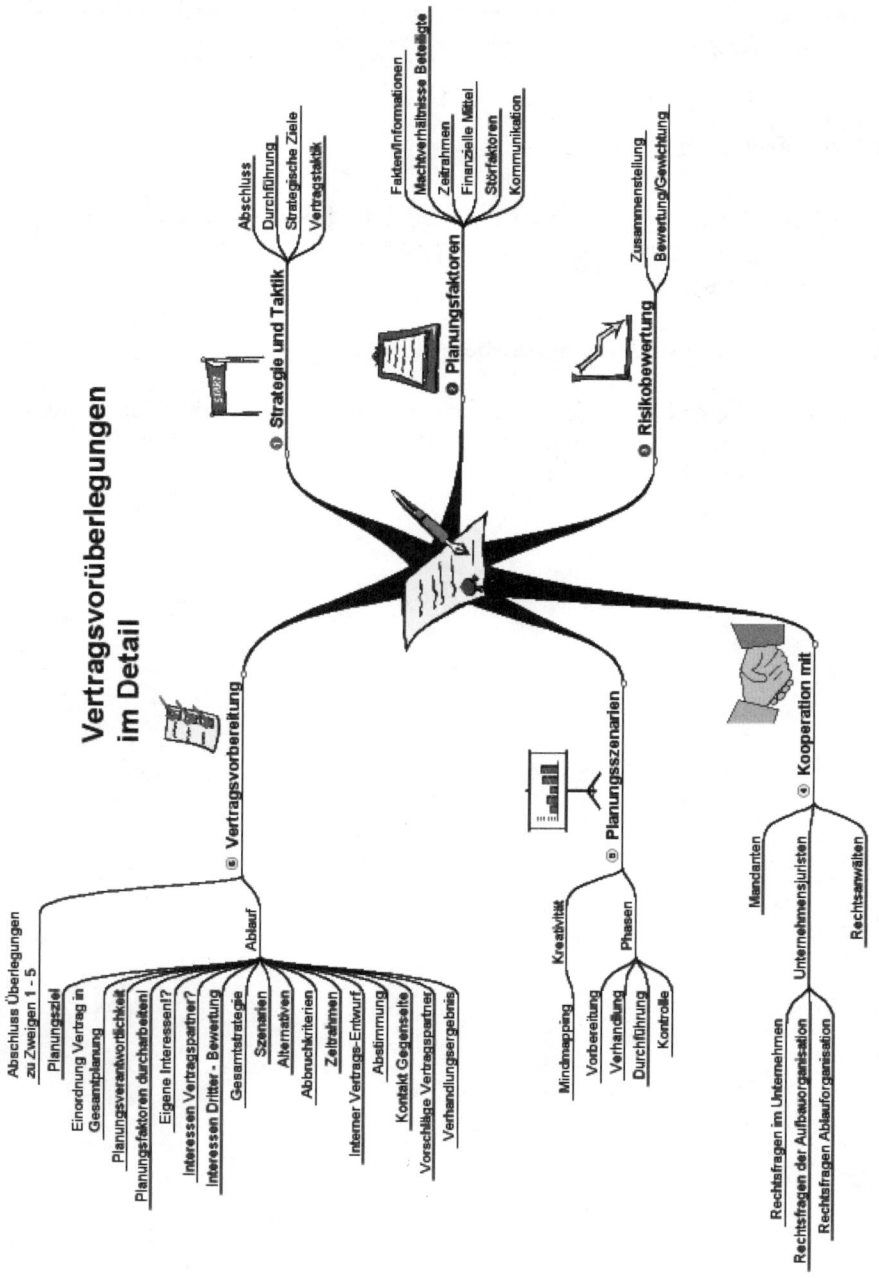

Abb.: Vertragsgestaltung Gesamt Mind Map

Damit nun nichts Wichtiges vergessen wird, erstellen Sie eine Mind Map, deren **95**
Hauptäste alle relevanten Prüfpunkte aufnehmen. Mit deren Hilfe können Sie
den weiteren Ablauf in organisatorischer und zeitlicher Hinsicht planen. Greifen
Sie bei der Planung auf Ihre Basis-Mind Maps zur Projekt- und Aufgabenplanung zurück.

Schritt 2 – Checkliste Vertragsgestaltung

Ihre umfassenden Vorbereitungen haben die eigentliche Vertragsgestaltung schon **96**
in eine konkrete Richtung gelenkt. Für den ersten Entwurf des Vertrages können
Sie in der Weise vorgehen, wie dies oben für Standard-Verträge dargestellt worden ist. Erstellen Sie eine Mind Map, deren Hauptäste dem gedachten Ver-
tragsaufbau folgen. Behalten Sie Ihre Master-Mind Map im Blickfeld, damit alle
relevanten Aspekte einfließen können. Ändern oder ergänzen Sie die Struktur
durch Hinzufügen von einzelnen Zweigen in das vorhandene Zweiggeflecht.

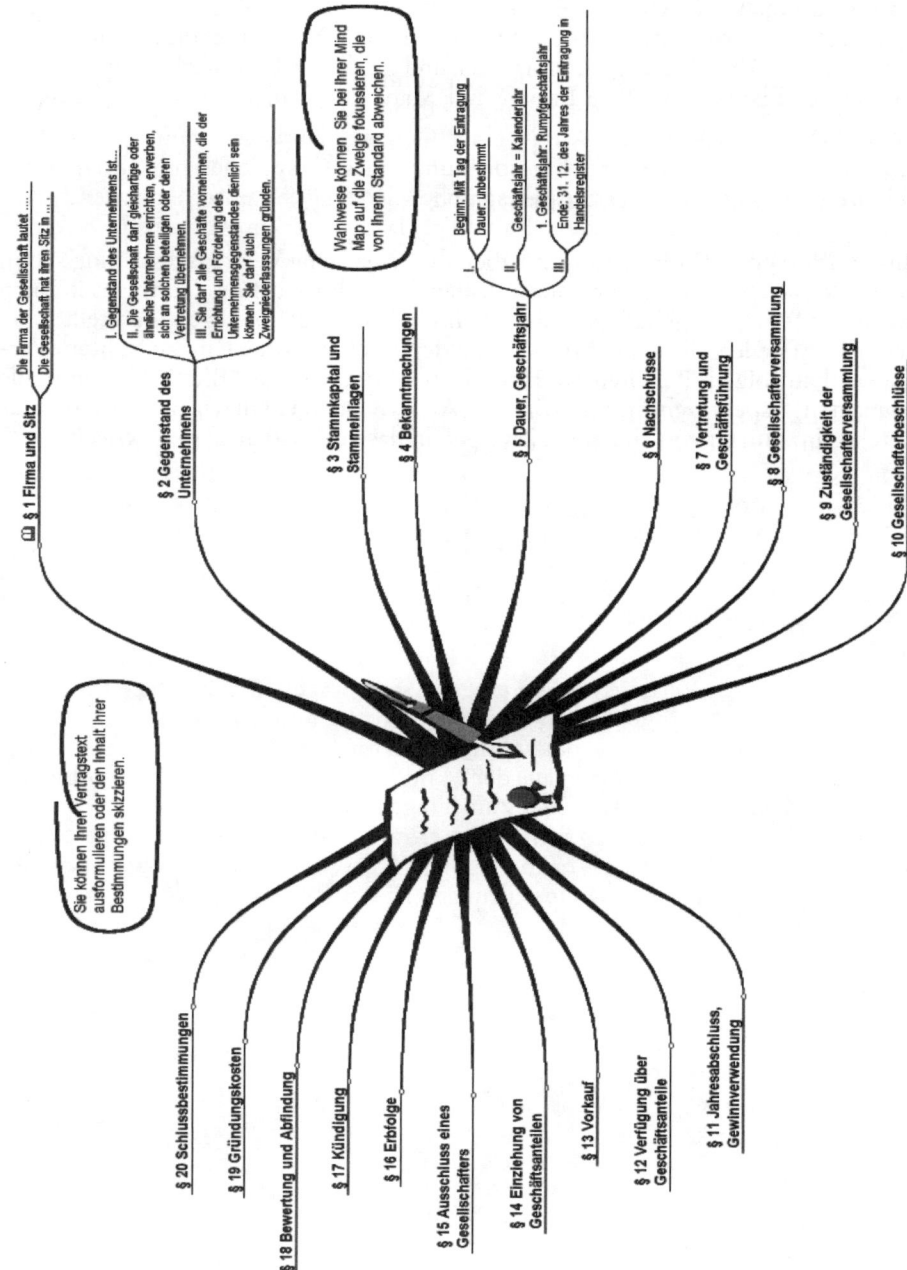

Abb.: Entwurf eines GmbH-Vertrages

Phase 4: Vertragsverhandlung

Die nun folgenden Vertragsverhandlungen können Sie mit Mind Maps begleiten. **97**
Stehen mündliche Vertragsverhandlungen bevor, können Sie problematische Aspekte, aber auch geklärte Punkte in einer Gedankenkarte zusammenfassen. Sie bildet die Grundlage für eine Tagesordnung eines Gespräches mit Ihren Verhandlungspartnern. Während des Gespräches notieren Sie unter einem entsprechend bezeichneten Zweig, welche Punkte geklärt, weiter umstritten oder vertagt sind. (Siehe Abb. Seite 70.)

Phase 5: Vertragsdurchführung

Die Durchführung des Vertrages erfordert je nach Komplexität neue Überlegungen. Aspekte die Sie in Ihrer großen Vorbereitungs Mind Map zusammengestellt **98**
haben, können hier zum Tragen kommen. Stellen Sie die erforderlichen Schritte in einer Projektmanagement Mind Map zusammen.
(Näheres siehe unter Rn 57 ff.).

Phase 6: Vertragscontrolling

Aus umfangreichen Vertragswerken ergeben sich Folgeschritte. Stellen Sie Meilensteine, Kontrolltermine und andere relevante Kriterien in einer Mind Map **99**
zusammen und entwickeln Sie daraus Ihre Überwachungsschritte. In dieser Phase werden Ihre Vorüberlegungen aus der Mind Map Checkliste Vertragsvorbereitung (siehe Randnummer 94) wieder zum Tragen kommen.
Gerade bei den abschließenden Schritten Vertragsdurchführung und -controlling
können Sie aus Ihren reichen Vorüberlegungen schöpfen. Ihre Schritt-für-Schritt **100**
erstellte Mind Map Vertragsvorüberlegungen ist Ausgangspunkt aller Folgeüberlegungen und sollte in Ihrer Mandatsakte gesondert abgelegt und immer zur Hand sein.

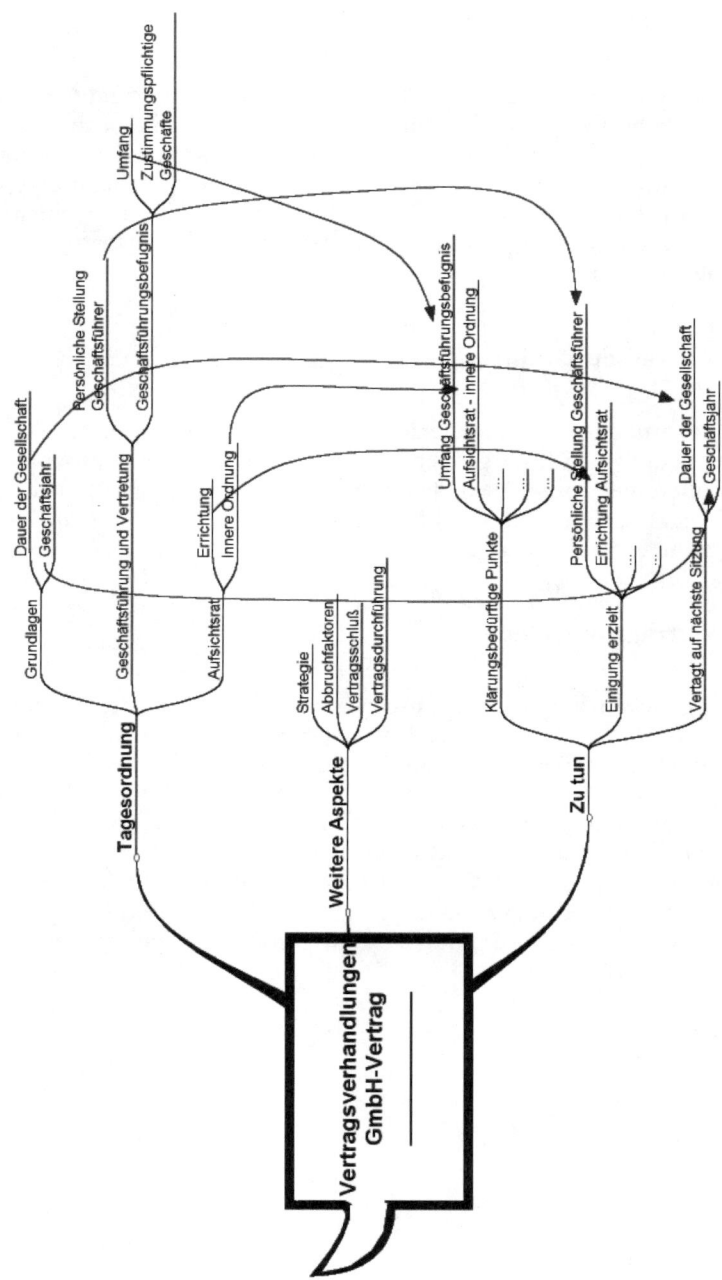

Abb. GmbH-Vertrag – Skizze zur Vertragsverhandlung

Mediation

Die Mediation ist ein ideales Einsatzfeld für Mind Mapping in der anwaltlichen 101
Arbeit. Die Fähigkeiten, Stimmungen wahrzunehmen, in der Konfusion der
Auseinandersetzung Lösungsansätze zu entwickeln, zeichnen den guten Media-
tor aus. In diesem Kapitel erfahren Sie, wie Sie mit einer speziellen Gesprächs-
Mind Map

➤ eine Mediation vorbereiten,
➤ Verfahren leiten und
➤ Vereinbarungsbeschlüsse formulieren.

Mediation vorbereiten

Als Mediator führen Sie die streitenden Parteien durch das Verfahren. In einer 102
vorbereiteten Mind Map sollten Sie alle Phasen des vor Ihnen liegenden Verfahrens durchdacht haben. Beginnen Sie Ihre Überlegungen wie folgt:

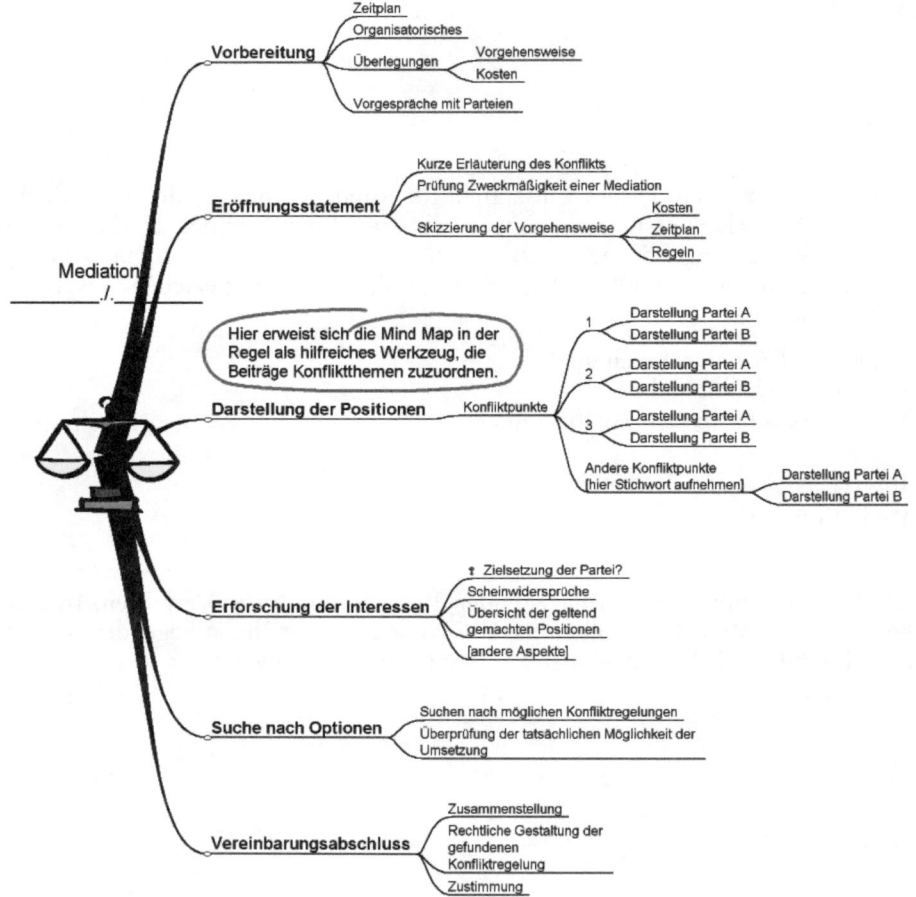

Abb.: »Drehbuch« für Mediationssitzung

103 Aus den Vorgesprächen mit den Parteien haben Sie eine Vorstellung über den organisatorischen Ablauf Ihres Verfahrens sowie Gegenstand der Mediation gewonnnen. Ihre ersten Gedanken finden Eingang in Ihre Mind Map. Diese Gedankenkarte ist das »Drehbuch« für Ihre Mediation.

Das Eröffnungsstatement

Im Eröffnungsstatement zu Beginn des Verfahrens, werden Sie das Wesen der **104**
Mediation erläutern und mit den Parteien den Verfahrensablauf vereinbaren.
»Protokollieren« Sie die Ergebnisse in Form von Anfügungen. Sie können im
Gespräch einen Stift anderer Farbe wählen, um später Vorüberlegungen und Pro-
tokollnotizen zu unterscheiden. So sind Sie auch in der Lage, die Ergebnisse des
Verfahrens am Ende dieses und aller weiteren Abschnitte zusammenzufassen.

Darstellung der Positionen

In dieser Phase wird Ihre Fähigkeit, alle relevanten Aspekte aufzunehmen in be- **105**
sonderer Weise gefordert. Die Parteien stellen die Rechts- und Sachlage dar. In
Ihrer vorbereiteten Mediations-Mind Map können Sie die erwarteten Tagungs-
ordnungspunkte schon vermerken. Das hilft Ihnen, die Parteien »geordnet«
durch das Gespräch zu führen. Gerade hier werden sich die Personen auch einmal unzusammenhängend äußern und weitere Aspekte ins Spiel bringen. Als
Mediator können Sie dies aufgreifen, in dem Sie die geäußerten Punkte an den
»richtigen« Zweig Ihrer Mind Map anfügen oder ihn als Stichwort in einem
Zweig »Außer Tagungsordnung« anfügen. Zu einem späteren Zeitpunkt greifen
Sie die Wortmeldungen auf, etwa sobald Sie diesen Tagungsordnungspunkt be-
rühren oder nach dem Sie die vorgesehenen Punkte abgehandelt haben.

Praxistipp: Nach der Sitzung ordnen Sie Ihre Zeichnung. Gegebenenfalls ferti- **106**
gen Sie eine Reinschrift und übertragen die geklärten Punkte in eine »Master-
Mediation-Mind Map«.

Es kann sinnvoll sein, auch hier eine kleine Zwischenbilanz zu ziehen. Vermer- **107**
ken Sie gegebenfalls das Zwischenergebnis klassisch linear auf einem gesonderten
Papier. Kennzeichnen Sie dies in Ihrer Mind Map.

Erforschung der Interessen

Die Erforschung der Interessen folgt im Anschluss an die Darstellung der Par- **108**
teien. Ihre bisherige Mind Map liefert eine wichtige Orientierung. Die Zeichnung
kann bei konkreten Nachfragen ein wichtiger Leitfaden für das weitere Gespräch
werden. Die Zusammenstellung aller Streitaspekte auf einem Blatt ermöglicht
Ihnen, Zusammenhänge zu entdecken, Scheinwidersprüche, gemeinsame oder
nicht zur Sache gehörende Positionen sichtbar zu machen.

Aus der konkreten Nachfrage ergeben sich unter Umständen Klärungen, die Sie an den entsprechenden Punkten Ihrer Zeichnung anfügen können.

Suche nach Optionen

109 Schließlich überlegt der Mediator im Einzelgespräch mit den Parteien, welche Lösungsmöglichkeiten in Betracht kommen. Nehmen Sie Ihre Mind Map zur Hand, um die geäußerten Positionen wiederzugeben, gemeinsame Interessen herauszustellen und im Gespräch gesehene Lösungsansätze zu diskutieren.

Vereinbarungsabschluss

110 In einfachen Meditationen haben Sie das Verfahren nun auf einem Blatt dokumentiert. Sie können jetzt mit den Parteien einen Vereinbarungsabschluss treffen oder den Auftrag bekommen, einen Konsens schriftlich auszuarbeiten. Hierbei haben Sie als Mediator mit der von Ihnen gefertigten Mind Map einen Zugriff auf alle Phasen des Verfahrens.

Reden, Plädoyers, Vorträge mit Mind Mapping

Freies Sprechen – in großen und kleinen Gruppen – ist Teil der anwaltlichen **111** Aufgaben. Zum Lernkanon gehört diese hohe Kunst der Rede freilich nicht. Vielen Anwälten fällt der öffentliche Diskurs zu Beginn ihrer Karriere schwer. Vor allem die Angst, den Faden zu verlieren, ist irrational groß.

Ob es sich um ein Plädoyer, die Leitung einer Gesellschafterversammlung oder das Halten eines Vortrags handelt, die Fähigkeit, Informationen zu vermitteln wird Ihnen fast täglich abverlangt.

➢ Mit Mind Mapping können Sie Ihre Vortragsangst überwinden, weil Ihnen die Technik das freie Sprechen erleichtert. In diesem Kapitel erfahren Sie, wie Sie Ihre Informationen und Gedanken vorbereiten und
➢ und mit Übersicht vortragen können.

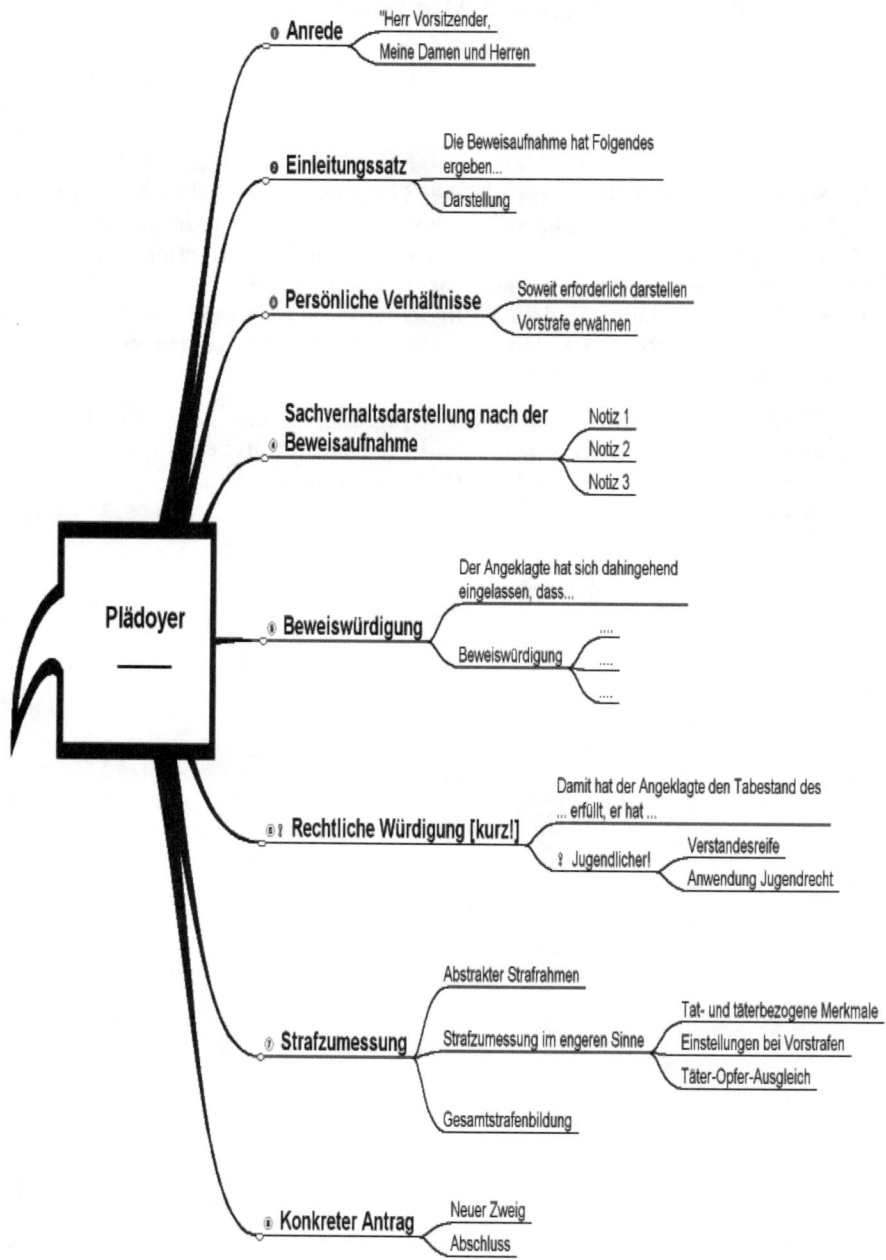

Abb.: Plädoyer als Mind Map

Vorbereitung von Reden mit Mind Mapping

Die Vorbereitung auf eine Rede oder einen Vortrag zeigt Parallelen zu den vo- **112**
rangegangenen Kapiteln.

➢ Erstellen Sie eine Blitz-Mind Map zum Thema.
Zeichnen Sie auf, was Ihnen zum Redegegenstand in den Sinn kommt. Je kla-
rer der Anlass, umso eindeutiger sind die Elemente Ihres Themas. Bei einem
Plädoyer sind Inhalt und Aufbau weitgehend festgelegt.
➢ Ordnen Sie Haupt- und Nebenäste, fügen Sie Schlüsselworte an!
➢ Sehen Sie sich Ihre Mind Map an. Wo muss gekürzt, wo anders gewichtet wer-
den? Kommen Sie mit der zur Verfügung stehenden Zeit zurecht? Als Faust-
regel gilt: Ein Schlüsselwort entspricht einer Minute Vortrag.
➢ Ordnen Sie Ihre Hauptäste in der Reihenfolge Ihres Vortrags. Nummerieren
Sie entsprechend.
➢ Legen Sie fest, wie viel Zeit Sie für die Darstellung jeden Hauptastes benöti-
gen.

Warum Sie »Mind Map-Reden« halten sollten!

Gerade als Anwalt sollten Sie die Vorteile einer »Mind Map-Rede« nutzen: **113**

➢ Sie halten Blickkontakt zu Mandanten, Richtern, Zuhörern, denn Sie »kleben«
nicht an Ihren Notizen. Sie sind in der Lage, Ihren Vortrag mit angemessenen
Gesten zu unterstreichen. Ein kurzer Blick auf Ihre Vortrags-Mind Map reicht
aus, Ihnen Orientierung zu geben. Die Schlüsselworte geben Ihnen die
erforderlichen Assoziationen für den weiteren Diskurs.
➢ Sie können Ihren Vortrag in natürlicher Sprechweise halten.
Die gesproche Sprache unterscheidet sich von der grammatikalisch korrekten
durch ihre Lebendigkeit. Sie sind frei, auf Argumente zu reagieren, weil Sie
nicht in Ihrem Redekonzept verhaftet sind.
➢ Durch den stetigen Überblick über Ihre Rede, können Sie Ihr Timing an die
Gegebenheiten anpassen, ohne einen wichtigen Punkt zu vergessen.

Wie halten Sie eine Mind Map-Rede?

Ihre erste Mind Map-Rede wird Ihnen noch ungewohnt erscheinen. Denn anders **114**
als bisher verfügen Sie nicht über die »Sicherheit« eines vorformulierten Textes.
Stattdessen liegt eine gut lesbare Mind Map vor Ihnen, die gezeichnete Form
Ihres Drehbuches.

Die Hauptäste repräsentieren Ihre Hauptgliederungspunkte. Ohne Umblättern oder Blättergeraschel können Sie Ihre Zuhörer über die Gliederung und die wichtigsten Punkte informieren. Sie schaffen damit die Voraussetzungen für aufmerksame Zuhörer. Da Sie Ihren gesamten Vortrag auf einem Blatt verdichten können, behalten Sie die ganzheitliche Sicht. Sie sind der Souverän Ihrer Rede

Vorbereitete Reden

115   Vorbereite Reden, etwa ein Plädoyer, lassen sich an aktuelle Gegebenheiten anpassen. Während der Gerichtsverhandlung können in Nebenästen Argumente, Ideen und Nebenaspekte aufgenommen werden. Sie lassen sich an der richtigen Stelle »einbauen« und geben Ihrem Vortrag Lebendigkeit und Aktualität.

Beherrschen Sie Ihr Thema völlig, erlauben Ihnen die Schlüsselworte Ihrer Mind Map, bei Bedarf auch weiter auszuholen, ohne dass Sie den Faden verlieren.

Beispiele für »Mind Map-Reden«

116   Der Redner hat die Mind Map als Konzept vor sich liegen. Er spricht frei. Die Gedankenkarte führt ihn. Die Stichworte genügen in der Regel für die Entwicklung der Ausführungen. Selbstverständlich lassen sich an Zweigen auch Hinweise zur Heranziehung von Dokumenten anfügen, etwa wenn aus Büchern oder Entscheidungen zitiert werden soll.

117   **Praxistipp:** Achten Sie darauf, dass eine Vortrags-Mind Map deutlich genug erstellt ist. Wenn Sie Ihre Gedankenkarte als Gedankenstütze vor sich liegen haben, müssen Sie die Schlüsselbegriffe schnell aufnehmen können. Haben Sie Ihren Vortrag intensiv mit Mind Mapping vorbereitet, werden Sie den gedanklichen Aufbau bereits verinnerlicht haben. Um die Rede in ihrer zeitlichen Dauer zu überblicken, fügen Sie an Ihre Hauptäste die Zeitdauer an, die Sie für den Vortrag dieses Aspektes vorgesehen haben.

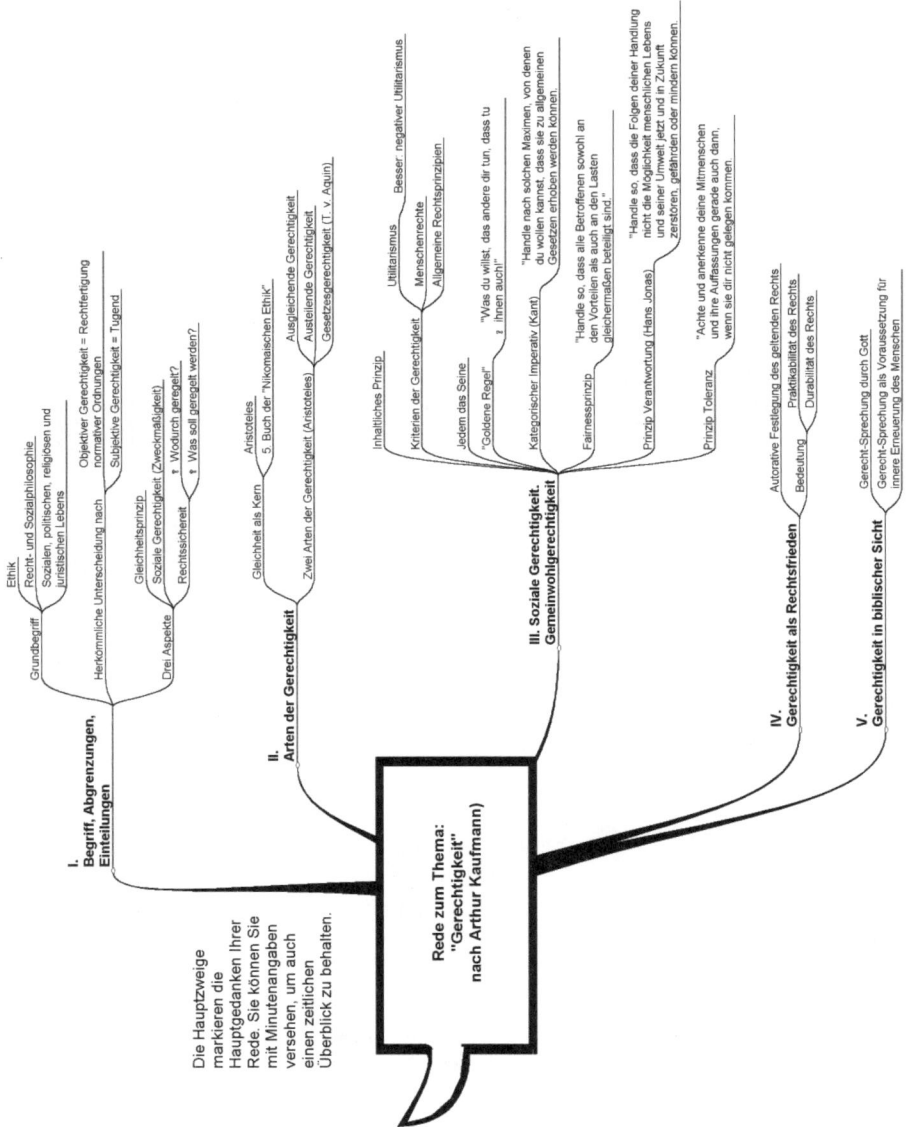

Abb.: Rede zum Thema »Gerechtigkeit«

Problemlösung

Bei einer juristischen Problemlösung kann eine Mind Map helfen, Denkblocka- **118** den zu überwinden.

Versuchen Sie, die Rechtsfrage auf den Punkt zu bringen und formulieren Sie diese als Zentralthema in Ihrer Gedankenkarte. Skizzieren Sie spontan 10–15 Lösungswege. Denken Sie auch an konsensuale Lösungen. Diese können auch abwegig sein. Die drei besten vertiefen Sie in einer zweiten Mind Map.

Abb.: Brainblooming

Komplexitätsbewältigung

Anwälte müssen sehr vielschichtige Fallgestaltungen bearbeiten. Die Komplexität **119** ergibt sich aus schwierigen Sachverhalten, kniffligen Rechtsfragen oder einer Kombination von beidem. Man stelle sich eine Batterie von Aktenordnern vor, die es zu sichten gilt oder alternativ die Beteiligung vieler Parteien an einem Rechtsstreit. Eine Sachverhalts-Mind Map kann Zusammenhänge verdeutlichen und dazu beitragen, Wichtiges von Unwichtigem zu trennen. Ebenso lassen sich mögliche Rechtsfragen und Materialien in einer Gedankenkarte zusammenfassen. Lineare Aufzeichnungen nehmen in diesen Fällen oft mehrere Blätter in Anspruch. In einer Mind Map kann der Überblick auf einen Bogen verdichtet werden.

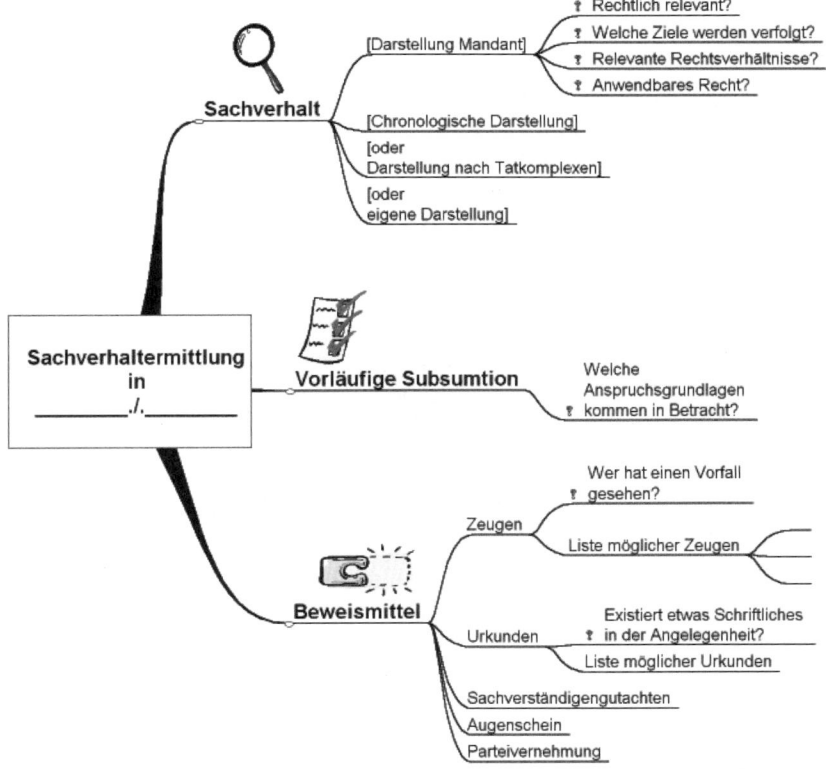

Abb.: Sachverhaltsstrukturierung

Mind Map am PC und Organizer

Mind Maps zu erstellen, ist ein sinnliches Vergnügen. Die bisherige Darstellung **120** orientierte sich an der Fertigung der Mind Maps von Hand. Um sich die Technik zu erarbeiten, ist dies nach wie vor der beste Weg, sich mit den Möglichkeiten einer ganzheitlichen Darstellung vertraut zu machen.

Moderne Arbeitsprozesse verlangen aber auch nach elektronischen Formen der Erstellung von Mind Maps. Unter den vorhandenen Mind Map-Programmen gilt der Mindmanager zu Recht als Marktführer. Eine voll nutzbare Testversion kann im Internet unter www.mindjet.de geladen werden.

Mind Maps am PC

Mind Maps am PC lassen sich mit dem Programm »Mindmanager« sehr intuitiv **121** fertigen. Die Erstellung am PC hat viele Vorteile, die Sie angesichts des weiten Einsatzspektrums von Mind Mapping schätzen werden:

➢ Ausdruck und Verbreitung
  Erstellte Mind Maps lassen sich in jeder beliebigen Größe ausdrucken und verteilen. Weitere Personen können leichter an Ihren Gedankenkarten partizipieren oder mitarbeiten.
➢ Transfer in lineare Strukturen
  Das PC-Programm erstellt auf Knopfdruck eine Textfassung Ihrer Mind Map. Haupt- und Nebenäste werden als klassische Gliederungspunkte dargestellt.
➢ Verknüpfung mit Dateien
  Alle Äste der Mind Map oder das Zentralthema lassen sich mit Dateien, Texten oder Bildern verknüpfen.
➢ Konferenzmodus
  Das Programm ermöglicht, die Verbindung zu anderen Nutzern des PC-Programms aufzubauen. So kann über das Internet oder das lokale Intranet »online« eine Mind Map gemeinsam mit anderen Teilnehmern bearbeitet werden.
➢ Erstellung einer PowerPoint-Präsentation
  Die am PC erstellten Mind Maps lassen sich zu PowerPoint-Präsentationen exportieren.

Elektronische Mind Maps im anwaltlichen Arbeitsablauf

122 Haben Sie sich mit dem elektronischen Mind Map-Programm vertraut gemacht, stehen viele Einsatzmöglichkeiten für Ihren anwaltlichen Alltag zur Vefügung:

> Tagesplanung strukturieren
> Wenn Sie Ihre Tagesplanung elektronisch unter Outlook pflegen, können Aufgaben, Termine oder E-Mails in das elektronische Mind Map-Programm überführt und dort strukturiert werden. Wollen Sie etwa zu Beginn einer Woche Überblick über die Kernaufgaben gewinnen, exportieren Sie Ihre Aufgabenliste in eine Mind Map. So lässt sich ein voller Terminkalender durch Neuordnung der anstehenden Aufgaben in eine zeitökonomische Struktur bringen.

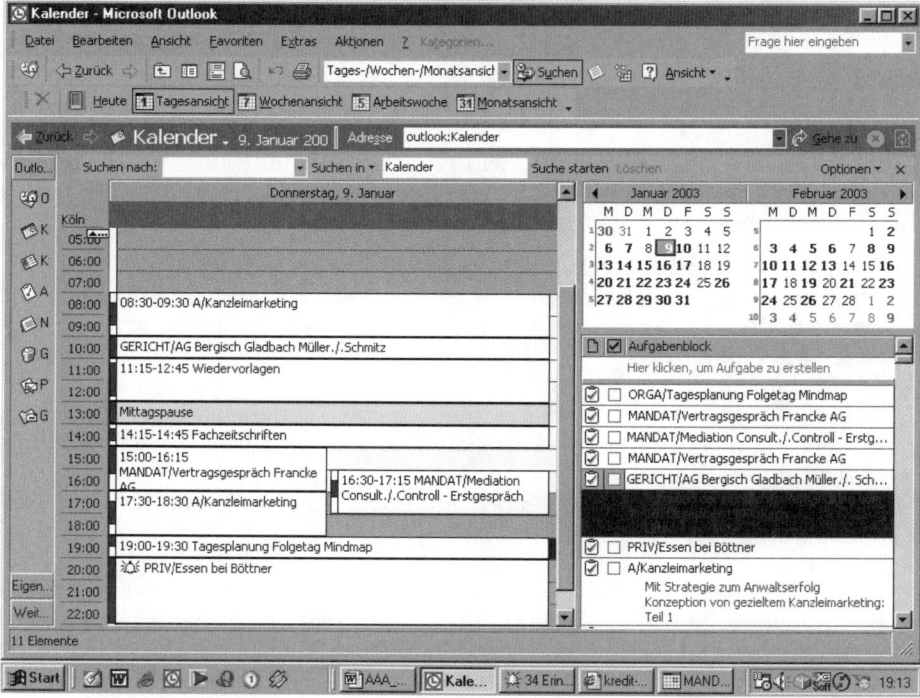

123 So könnte Ihr Tagesplan in Outlook aussehen. Sie können Ihre Aufgaben aber auch mit Mind Mapping strukturieren.

Schritt für Schritt zur elektronischen »Tagesplan-Mind Map«

Öffnen Sie im Mindmanager ein neues Dokument, das Sie »Tagesplan« nennen. **124**
Fügen Sie den Hauptast Aufgaben an und markieren Sie diesen, indem sie den so
bezeichneten Ast mit der Maus anklicken.

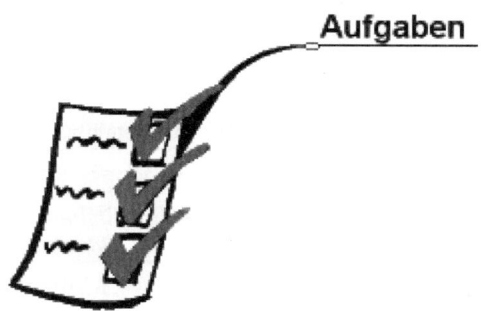

Im Mindmanager drücken Sie die Schaltfläche mit dem »Outlook-Symbol«. Die **125**
gemäß Ihren Vorgaben selektierten Aufgaben, werden nun als Nebenäste, in den
von Ihnen gewählten Zweig der Mind Map kopiert.

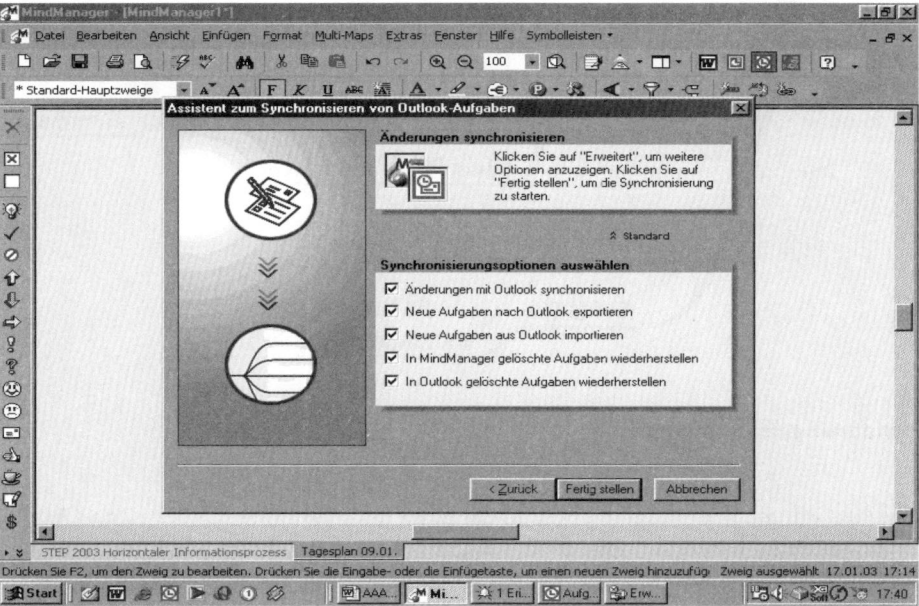

Termine und Kontakte strukturieren.

126 Ähnlich können Sie Ordnung in Ihre Termine und Kontakte bringen. Nutzen Sie in Outlook zunächst die verschiedenen Ansichtsmöglichkeiten. Sie können sich z.B. eine Liste der anstehenden Termine oder Kontakte anzeigen lassen. Die tagesrelevanten Termine markierten Sie in Outlook. Im Mindmanager fügen Sie über das Menü die markierten Elemente als Nebenäste eines gewählten Hauptzweiges (etwa »Mandate« oder »Termine«) ein. Dies funktioniert entsprechend mit Ihren unter »Kontakten« gelisteten Einträgen.

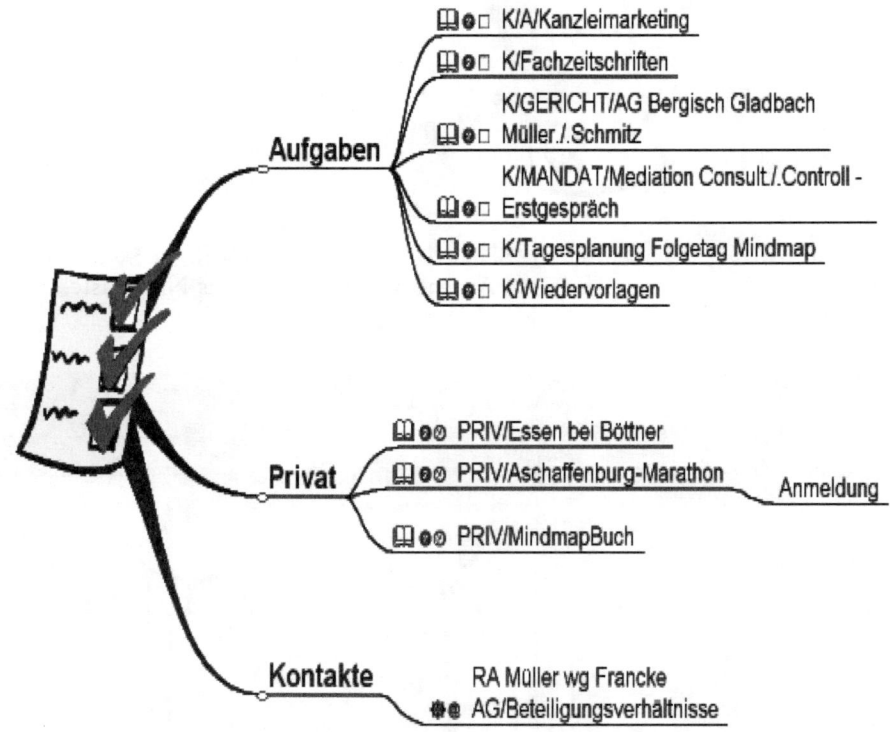

Änderungen in Outlook

127 Ihre geordnete und ausgedruckte Mind Map mit »Outlook-Elementen« (Aufgaben, Termine, Kontakte) gibt Ihrem Tag Struktur. Sie können am Ende des Tages Ihre Fortschritte (Erledigung, Wiedervorlage etc.) nun entweder in Ihrer elektronischen Mind Map oder in Outlook vermerken. Über eine Synchronisations-

möglichkeit im Mindmanager werden Outlook und Ihre elektronische Mind Map wieder auf »einen Stand« (Synchronisation) gebracht. Wem die grafische Form der Tagesplanung zusagt, kann seine Termine, Kontakte und Aufgabenplanungen nun komfortabel auf diese Weise überblicken und bearbeiten. Besonders bei zeitintensiven Mandaten kann so Struktur in die vielfältigen Aufgaben gebracht oder das Mandats-Controlling erleichtert werden. Selektieren Sie alle mit dem jeweiligen Mandat zusammenhängenden Aufgaben, Termine und Kontakte in eine für das Mandat erstellte Mind Map.

Schriftsätze erstellen

Komplizierte Schriftsätze, Vertragsentwürfe oder Stellungnahmen lassen sich als **128** elektronische Mind Map vorbereiten. Die Gliederungsüberschriften legen Sie als Hauptäste Ihres Schriftsatzes an. Unterpunkte bilden Nebenäste. Zugehörige Textpassagen können als Textdokumente an Äste angefügt werden. Am Bildschirm lassen sich Umstellungen der Gliederungen oder Einfügungen sehr übersichtlich bewerkstelligen. Nach Fertigstellung Ihrer Gedankenkarte am Bildschirm können Sie im Mindmanager menügesteuert eine Textfassung Ihrer Mind Map fertigen lassen.

Praxistipp: Standard-Verträge lassen sich sehr gut in Form elektronischer Mind **129** Maps »verwalten« An Hauptzweigen hinterlegen Sie die Standardformulierungen. Ergänzungen und Anpassungen des Standard-Vertrages lassen sich übersichtlich in eine solche Mind Map-Fassung einarbeiten.

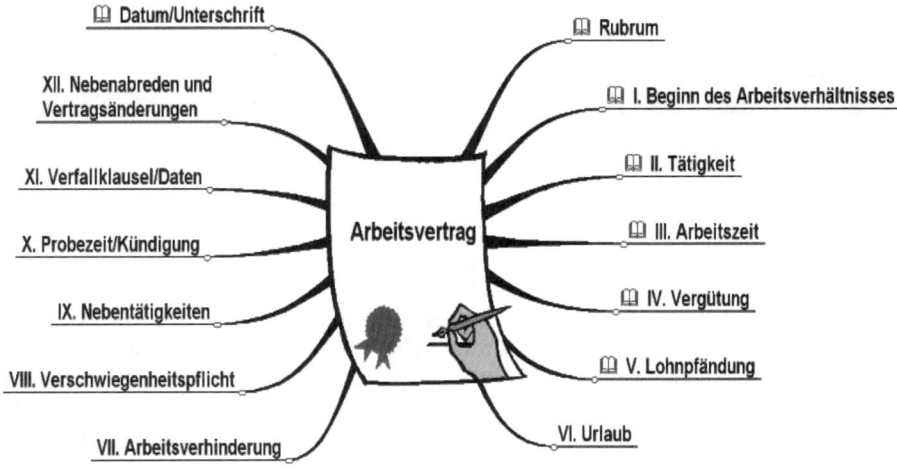

Abb.: Arbeitsvertrag als elektronische Mind Map

130 Der als elektronische Mind Map umgesetzte Arbeitsvertrag lässt sich auf Knopfdruck in eine ...

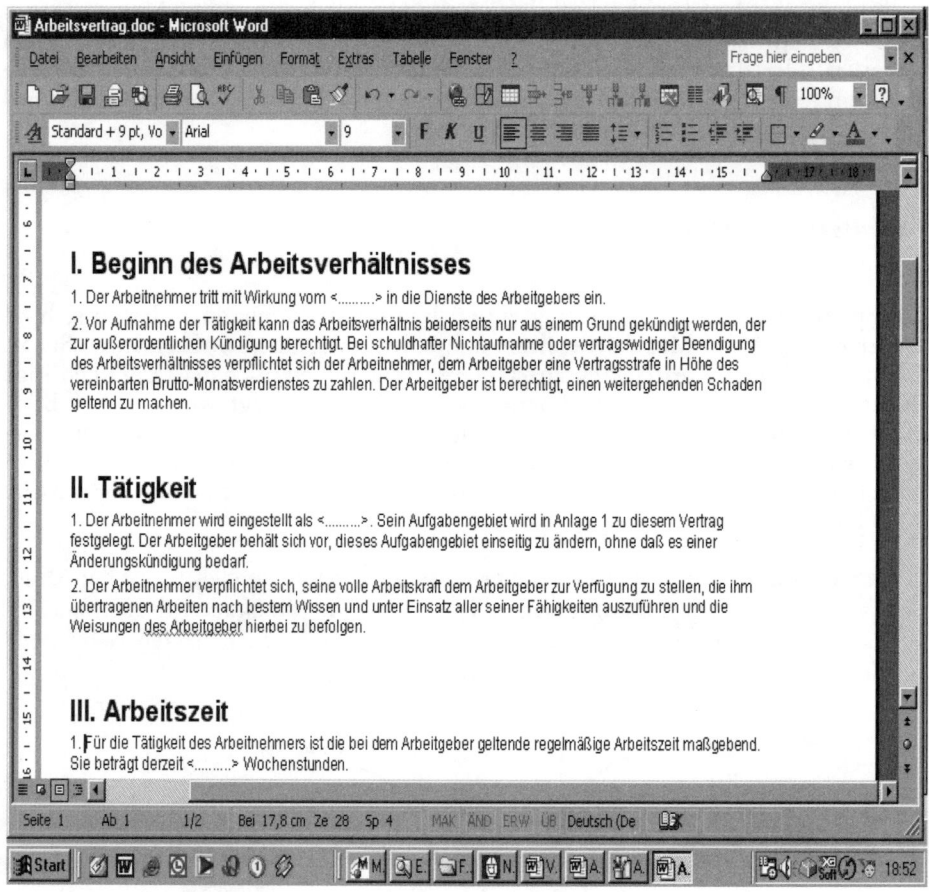

...Textversion verwandeln.

131 ➤ Besprechungen leiten und protokollieren
Wer in einer Besprechung die Möglichkeit hat, einen PC oder Laptop zu nutzen, kann auf der Grundlage der Tagesordnung eine Mind Map im Mindmanager erstellen. Den Ausdruck dieser Mind Map nutzen Sie für Ihre handschriftlichen Notizen während des Gespräches. Alternativ fügen Sie während der Besprechung die Ergebnisse in Stichworten oder kurzen Ergebnissätzen am PC hinzu. Über die entsprechende Menüfunktion wandeln Sie Ihre Mind Map in ein Word-Dokument. Diese kann den Teilnehmern bereits am Ende der Besprechung als erstes Ergebnisprotokoll ausgehändigt werden.

> Vortragspräsentation
  Sie erstellen Ihr Vortragskonzept als elektronische Mind Map. Die Äste versehen Sie mit Zusatzdokumentationen, etwa Gesetzestexten, Tabellen oder Bildern. Diese elektronische Mind Map können Sie durch eine Menüfunktion in eine PowerPoint-Präsentation verwandeln. Sie verfügen nun über eine Grundlage für Ihren Vortrag. Alle Dokumente sind in der richtigen Reihenfolge in die Präsentation integriert. Diese PowerPoint-Anwendung können Sie jetzt mit zusätzlichen Elementen (Ton, Animationen) versehen.

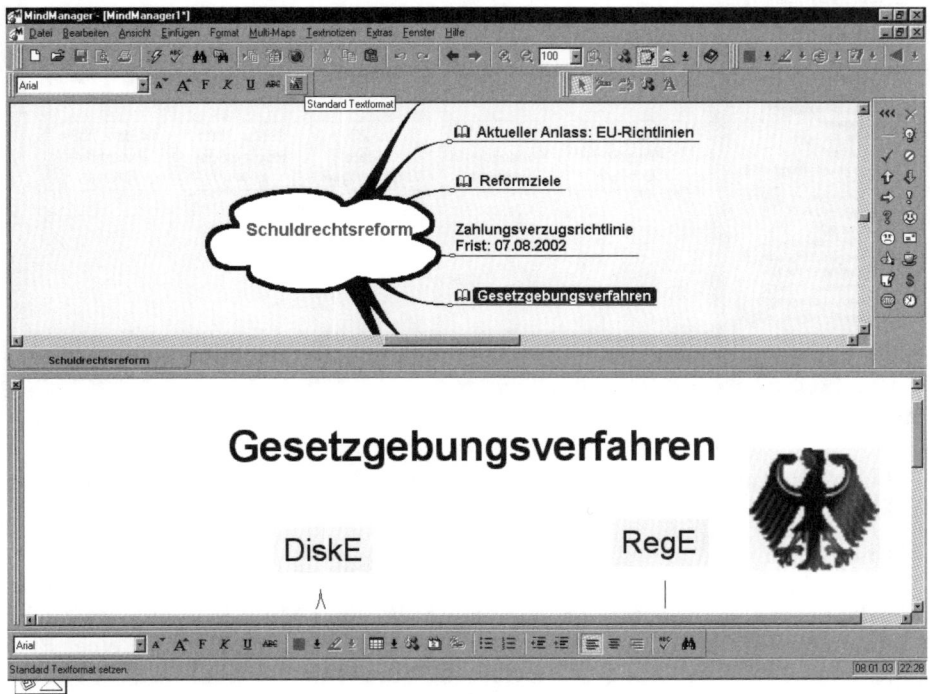

Entwurf einer Vortragspräsentation zum Neuen Schuldrecht am Mindmanager. Die einzelnen Äste sind bereits mit Textstellen ergänzt.

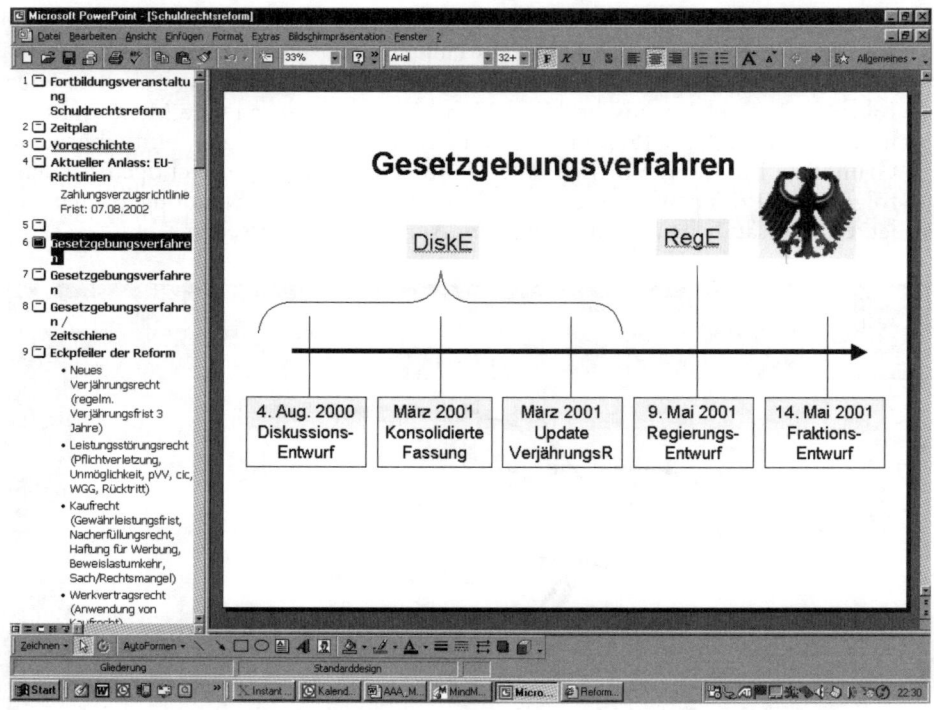

Nach Umwandlung der elektronischen Mind Map in eine PowerPoint-Datei kann diese für den Vortrag weiterbearbeitet werden.

133 ➢ Brainstorming
Haben Sie Kollegen für die Idee des Mind Mappings begeistern können, ist es nahe liegend, gemeinsame Projekte mit Hilfe einer Mind Map zu entwickeln. Ein gemeinsames Arbeiten über ein Netzwerk (Intra-/Internet) an einer Projekt-Mind Map ist ohne große technische Vorkenntnisse möglich.

Der Mindmanager ermöglicht die Zusammenarbeit über das Internet im sog. Conference-Modus. Voraussetzung hierfür ist, dass auch Ihre Partner das entsprechende Programm besitzen. Innerhalb der Kanzlei können Sie anstelle des Internets das hausinterne Netz nutzen.

Ebenso lassen sich komplexe Mind Maps, die aus gemeinsamen Arbeiten entstehen, in nahezu beliebiger Größe ausdrucken.

Bewährt hat sich dieses Vorgehen bei kanzleiübergreifenden Projekten wie

➢Erarbeitung von Kanzleistrategien,
➢Einführung von EDV,
➢Mediation,
➢Teilnahmen an »Beauty Contests«.

Ein Moderator übernimmt es, die Gedanken und Ideen während des Meetings in eine elektronische Mind Map aufzunehmen. Die Fortschritte können am Beamer für alle sichtbar projiziert werden.

➢ Wissensmanagement   **134**
Gut organisieren lässt sich das persönliche Wissensmanagement mit elektronischen Mind Maps. Da Sie jede Art von Dokument an Ihre Haupt- und Nebenäste anfügen können, lassen sich eine Vielzahl von Informationen strukturieren. Zweige können mit Internetadressen verknüpft werden. Auf diese Weise werden alle Informationen (z.B. Dateien, Internet-, E-Mail-Adressen, Notizen) strukturiert gesammelt.

Erstellte Mind Maps können mit einer weiteren Programmfunktion des »Mindmanager« per Mausklick als Webseite publiziert werden. Das hat den Vorteil, dass alle Mitglieder der Kanzlei (oder ein entsprechend ausgewählter Kreis) über die normalen Programme Ihres PC Einsicht in eine browsergestütze Wissensdatenbank nehmen können.

➢ Webseitenplanung   **135**
Mind Mappingist gut geeignet für die Planung einer Internetseite. Die hierarchische Struktur gibt Ihren Überlegungen die Ordnung, die Sie für die Umsetzung in eine Webseite zwingend benötigen. So kann die Seitenfolge Ihrer Internetseite im »Mindmanager« konzipiert werden. Menügesteuert stehen verschiedene Umwandlungen in gestaltete Internetseiten zur Auswahl. Planen Sie mit einer Mind Map ein Kanzleiportal mit Namen »Anwaltswissen aktuell«, erstellen Sie eine Mind Map, die die zukünftige Struktur Ihrer Webseite abbildet. Fügen Sie Ihren Ästen Dateien oder Verbindungen zu anderen Internetadressen an. Diese werden dann Teil Ihrer Anwendung. Über eine menügesteuerte Funktion können Sie Ihre Mind Map in eine Webseite verwandeln.

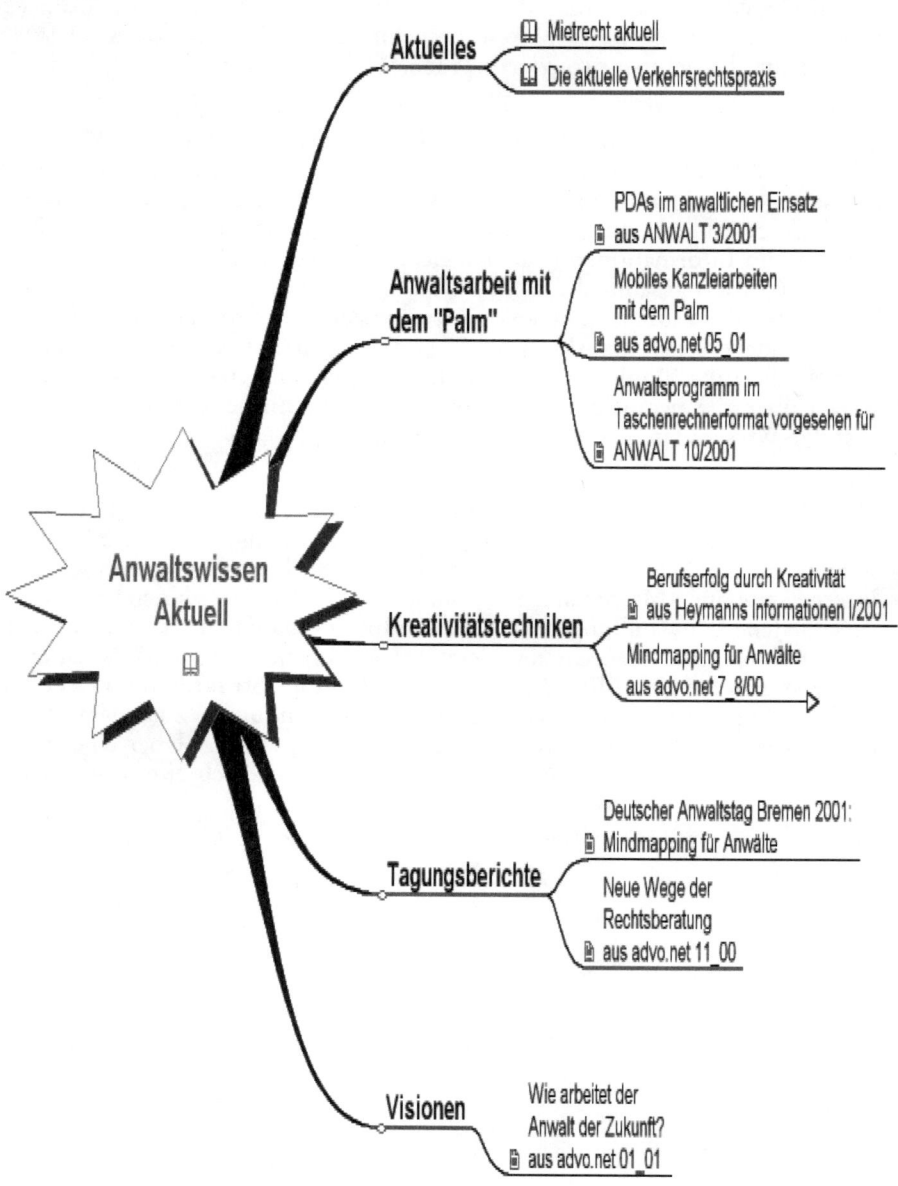

Ihre zukünftige Webseite als Mind Map…

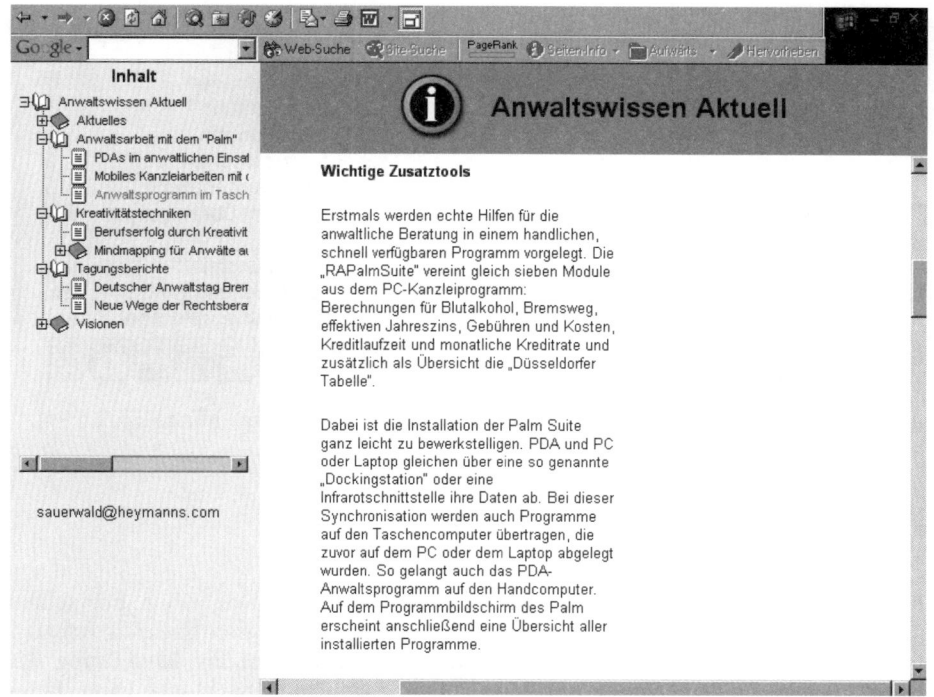

...und als Webseite umgewandelt

Mind Maps mit dem Organizer

Seit einigen Jahren gibt es handtellergroße Taschencomputer verschiedener Be- **136** triebssysteme. Für den am weitesten verbreiteten Palm-Computer (Betriebssystem »PalmOS«) liegen verschiedene Mind Map-Programme vor.

Da der Bildschirm eines Organizers nur sehr klein ist, kann sich die Stärke des Mind Mapping, Übersicht zu schaffen und kreativen Freiraum zu geben, naturgemäß nicht entfalten. Insofern können diese Programme den eigentlichen Zweck der Mind Map nur sehr eingeschränkt erfüllen.

Wenn es aber darum geht, eine schon vorhandene elektronische Mind Map weiterzupflegen, dem helfen diese Programme weiter. Ähnlich wie die großen Brüder am PC sind sie in der Lage, Mind Maps in Textfassung darzustellen. Diese Textfassungen präsentieren sich auf Wunsch in Gliederungsfunktion und ermöglichen dem mobilen Bearbeiter die Fortsetzung schon begonnener Projekte.

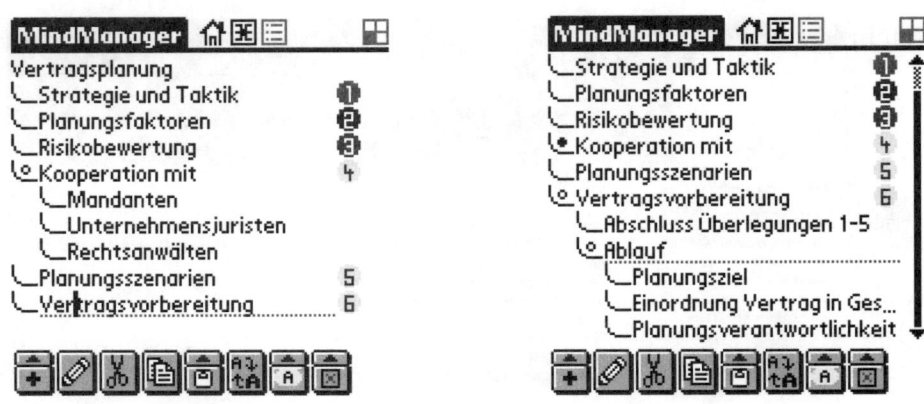

Abb.: Bildschirmansicht der PDA-Version des »Mindmanager« (vgl. MindMap, Rn 94)

Ein Fazit: Zukunft des E-Mind Mapping

137 Es besteht kein Zweifel, dass elektronisches Mind Mapping einen Fortschritt darstellt. Die Vorteile des Mind Mapping lassen sich mit den linearen Arbeitsformen ideal verknüpfen. Gerade als Anwalt sind Sie auf die Einhaltung der Form angewiesen und werden im Ergebnis immer an der Sachlogik Ihrer Texte und geäußerten Gedanken gemessen. Das dahinter stehende »Betriebssystem Mind Mapping« muss nicht zwangsläufig in Erscheinung treten. Mind Maps, die sich in Texte oder Präsentationen umwandeln lassen, erscheinen ideal.

Aller Digitalisierung und Elektronisierung zum Trotz werden Sie eine Fülle von Mind Maps noch von Hand fertigen: Dies kann die schnelle Skizze unterwegs, die Aufzeichnung einer Rede auf Ihrem Schoß oder die Mitschrift einer Besprechung auf der Rückseite Ihrer Tagesordnung sein.

Sachregister